普通高等教育经管类专业"十三五"规划教材·会计信息化系列

会计综合实训

——从手工到电算化

丛书主编　欧阳电平

主　　编　李　勇

清华大学出版社

北　京

内容简介

本书以某服装制造企业真实业务资料为主线,以一个完整会计期的真实原始凭单为样本,分小组对企业财务各岗位工作进行全真模拟实训,完成财务会计、成本会计等会计业务的综合实训,以及从手工到电算化的"一体化"综合实训。通过综合实训,使学员系统地掌握企业会计业务的基本知识、内容、流程和方法,完成从经济业务的原始单据到会计报表产生的完整过程,并且掌握从手工到会计电算化(即部门级应用模式)应具备的基本操作技能和技巧。

本书由"纸质教材+配套账册+数字化资源库"构建成课程的一体化教学资源;以会计岗位为资源节点,利用"云空间"存储关联对应的数字教学资源,包括重难点解析、业务范例等内容;学员可通过"二维码"随扫随学、边学边练。全书共分四章:第一章会计综合实训概述,主要介绍实训的目的、特点、方式、内容、要求、安排等;第二章会计综合实训资料,介绍了某制造企业的组织机构、财务部的岗位设置,会计制度和核算方法等,为手工和电算化实训提供了一个会计期的完整业务素材;第三章手工会计实训过程,以"云存储""二维码"等信息技术为手段,将纸质教材与多样化的数字教学资源充分结合,通过线上与线下相结合的教学方式,从期初建账、日常业务处理、期末处理指导实训过程;第四章从手工到电算化实训,主要应用金蝶K/3财务软件的共享数据库模式,对一个企业真实的财务工作环境与岗位工作职责和会计业务进行实训。本书附录1与附录2提供了两套实训资料,可供读者练习或教师布置作业及测试用,以巩固所学知识;附录3提供实训用的经济业务原始凭单和凭证封面;另附册提供实训用的配套账册与报表和会计综合实训评分与总结表。

本书可用作高等学校财会专业的本科生、大专生教材或教学参考书,也可用作企业财会人员岗位培训用书,还可用作财会类专业学科竞赛用书。

图书在版编目(CIP)数据

会计综合实训——从手工到电算化/欧阳电平 丛书主编;李勇 主编. —北京:清华大学出版社,2018(2023.1重印)
(普通高等教育经管类专业"十三五"规划教材·会计信息化系列)
ISBN 978-7-302-49444-7

Ⅰ.①会… Ⅱ.①欧… ②李… Ⅲ.①会计学—高等学校—教材 Ⅳ.①F230

中国版本图书馆 CIP 数据核字(2018)第 020947 号

责任编辑:刘金喜
封面设计:范惠英
版式设计:思创景点
责任校对:成凤进
责任印制:曹婉颖

出版发行:清华大学出版社
    网 址:http://www.tup.com.cn,http://www.wqbook.com
    地 址:北京清华大学学研大厦 A 座   邮 编:100084
    社 总 机:010-83470000   邮 购:010-62786544
    投稿与读者服务:010-62776969,c-service@tup.tsinghua.edu.cn
    质 量 反 馈:010-62772015,zhiliang@tup.tsinghua.edu.cn
    课 件 下 载:http://www.tup.com.cn,010-62773464
印 装 者:小森印刷霸州有限公司
经 销:全国新华书店
开 本:185mm×260mm 印 张:15 插 页:4 字 数:365 千字
    (附实训账簿与报表 1 本)
版 次:2018 年 3 月第 1 版 印 次:2023 年 1 月第 4 次印刷
定 价:59.80 元

产品编号:078333-02

丛 书 序

经济全球化和"大数据""云计算""移动互联""人工智能"等新一轮信息技术的飞速发展，加速了我国企业信息化进程，会计环境也发生了重大变革。依托于信息技术创新的财务管理模式(如财务共享服务)，以及管理会计信息化的深入推进，不仅提高了会计工作效率，更加提升了会计管理、控制和决策的能力。我国财政部发布的《关于全面推进管理会计体系建设的指导意见》(财会 2014〔17〕号)文件中也明确指出"加快会计职能从重核算到重管理决策的拓展"，我国会计信息化事业进入一个新的发展阶段。

信息化事业的发展对财会人员或经管类专业学生的知识结构和能力提出了更高的要求。财会人员或经管类专业的学生如果不掌握一定的信息技术知识，不具备较熟练的计算机应用能力和必要的分析问题、解决问题的能力，以及自我学习的能力，将很难适应未来专业工作的需要。如何培养适应时代发展的财会专业人才以及企业信息化人才？作为一名在中国会计信息化领域从事教学和研究近三十年的老教师，我一直在思考这个问题。会计信息化需要的是具有多学科交叉的复合型知识结构人才。我国高校要培养这样的人才首先要解决专业教育理念的转变、培养目标的正确定位，以及会计信息化师资等问题；在此基础上要制定适应信息化发展的人才培养方案，以及编写适应时代发展的合适的教材。为此，我们经过充分的调研和精心准备，推出了这套会计信息化系列丛书。

本系列教材首先出版的是《会计信息化基础》和《财务与会计数据处理——以 Excel 为工具》两本。考虑到各高校对会计综合实训课程开设的不同，为便于灵活选择，我们将原拟定的《会计综合实训——从手工会计到业财一体化》教材分解成《会计综合实训——从手工到电算化》及《会计综合实训——业务财务一体化》两本姊妹篇。随后将陆续推出《ERP 系统原理与应用》《企业经营决策模拟实训——以财务决策为中心》《管理会计信息化》等。本系列教材具有以下特点。

(1) 学历教育、职业教育、岗位对接一体化。系列教材的读者对象主要为我国普通高校财会专业以及经管类专业的本科生、大专生和在职的财会人员。对于学历教育要求将基本概念、基本原理和知识架构论述清楚；对于职业教育要求将业务流程和数据之间的传递关系阐述清楚；对于岗位对接则要求将岗位职责和岗位操作流程表达清楚。教材的编写自始至终贯穿这个原则，使理论学习与实践有机结合，课程教学与岗位学习有机结合。

(2) 教材内容不仅注重信息化实践操作能力的培养，也注重构建相关学科信息化的完整理论体系。我们根据长期从事信息化教学的经验体会到：任何应用软件仅仅是从事专业工作的工具，只有对业务工作熟悉了才能使用好工具；因此，教材重点是对业务流程、业务场景阐述清楚，要有基础理论铺垫，不仅要使读者知其然，还要知其所以然。为便于教学，每本教材都配有软件的操作实训(如金蝶 K/3 系统的操作)，但又防止写成软件的操作手册，这样才能做到触类旁通。

(3) 教材的创新性。系列教材由浅入深，内容丰富，满足各个层次的会计信息化教学和读者群的需求。其中，《会计综合实训——从手工到电算化》在教学手段信息化方面进行了改革创新，教材实现了依托互联网，充分利用"云存储""二维码"等信息技术，由"纸质教材+配套账册+数字化资源库"构建成课程的一体化教学资源，可以通过手机等多种终端形式应用；《企业经营决策模拟实训——以财务决策为中心》《管理会计信息化》是目前市面上少有的教材，我们的编写思路和结构应该是创新性的。系列教材基本覆盖了目前高校财会专业以及经管类专业开设的会计信息化相关的课程教学，同时又充分考虑了企业开展会计信息化培训的不同需求，按照从易到难的原则设计各教材的知识体系。每本教材除了讲授相关课程的信息化理论和实务外，还提供了相应的案例、丰富的习题、上机实训题等，便于教学使用。

(4) 充分利用团队的力量，力保教材的质量。本系列教材由本人牵头策划、总编和主审，确定每本教材的大纲、编写的思路和原则，以及修改。其他作者大部分是来自于湖北省会计学会会计信息化专业委员会的高校教师以及高校多年从事会计信息化教学的教师，他们都具有多年信息化方面的教学和实践经验；另外，湖北省会计学会会计信息化专业委员会除了有高校委员外，还有浪潮集团湖北分公司等企业委员，他们丰富的实战经验和案例等资源为系列教材提供了素材。我们利用会计信息化专业委员会这个平台组织教材编写团队，充分调研和讨论大纲，相互交叉审阅书稿，力保教材质量。

在本系列教材的编著过程中，尽管我们进行了多次的调研和讨论，力求做到推陈出新，希望能够做到尽可能完美，但仍然难免存在疏漏和错误，恳请读者多提宝贵意见。

本系列教材的编著过程中，参考和吸收了国内外不少专家学者的相关研究成果并引用了大量的实例，在此一并表示感谢。

欧阳电平

2017 年 11 月于珞珈山

前　　言

　　会计综合实训是为提高学生的专业实践能力，为毕业上岗对接，在财会专业高年级(一般在大三下学期、大四上学期)开设的一门专业综合模拟实习课程。主要目的是培养学生将所学的专业理论知识应用到企业财会工作实际的综合运用能力，熟悉企业财会业务的工作流程，提高学生分析问题和解决问题的能力，培养学生严谨、务实、负责的工作态度与职业素养。然而，在信息技术飞速发展与广泛应用的时代，会计这一传统职业的工作环境、工作手段也发生了巨大的变化，会计综合实训课程也必须与时俱进，顺应时代的发展。显然，会计信息化是发展的必然趋势。那么，手工会计处理方式还需掌握吗？我们根据多年的教学经验，认为是需要的。首先，会计综合实训主要是对学生所学的专业理论知识应用到会计工作实践的训练，重在专业知识综合应用实训，手工会计处理方式能使学生更加贴近专业实践，增强感性认识，有利于分析问题、解决问题能力的培养；其次，当前我国经济处于转型发展期，不少企业，尤其是快速发展的中小微型企业还需要会计人员掌握手工会计处理方式。考虑到各高校对会计综合实训课程开设的不同，我们将教材分成《会计综合实训——从手工到电算化》(上篇)和《会计综合实训——业务财务一体化》(下篇)两本姊妹篇。

　　《会计综合实训——从手工到电算化》共分四章：

　　第一章会计综合实训概述，主要介绍实训的目的、特点、方式、内容、要求、安排等；

　　第二章会计综合实训资料，以某服装制造企业真实业务材料为基础，以各种原始凭单为样本，为手工和电算化实训提供了一个会计期的完整业务素材；

　　第三章手工会计实训过程，以"云存储""二维码"等信息技术为手段，将纸质教材与多样化的数字资源充分结合，将重难点解析、操作范例等实训数字资源存储在"云端"，通过线上与线下相结合的教学方式，可通过手机等多种终端形式应用；

　　第四章从手工到电算化实训，主要应用金蝶 K/3 财务软件的共享数据库模式，对一个企业真实的财务工作环境与岗位工作职责和会计业务进行实训。通过从手工到电算化的综合实训，使学员系统地掌握企业会计业务的基本知识、内容、流程和方法，完成从经济业务的原始单据到会计报表产生的完整过程，并且掌握从手工操作到会计电算化(即部门级应用模式)应具备的基本操作技能和技巧。

　　"业务财务一体化"是目前大中型企业以及上市公司会计信息化的主要应用模式(即企业级应用模式)，会计综合实训的内容扩大到企业业务(如采购、销售、库存等)与会计业务的一体化处理，以及集成的信息系统环境下内部控制环节的处理等，以进一步提升学生的专业知识综合应用能力以及信息技术应用技能。

　　本书紧跟信息时代的发展步伐，一方面，在教学手段信息化方面进行了改革创新，教材实现了依托互联网，将纸质教材与数字资源充分融合，并可以通过手机等多种终端形式应用；另一方面，本书和课程实现了手工与电算化"一体化"实训的需要，具有实训内容系统完整、贴切真实、紧跟会计发展的特点，并具有连贯性和可验证性。主要特色如下。

1. 内容时效性、综合性强

本书内容紧跟会计改革的新方向，结合我国财税改革的新要求，特别是"营改增"后涉及各种单据的变化，本书与改革方向保持一致，按最新政策要求，合理设计与编排教材内容；实训采用来自企业的真实经济业务的实际案例，经济业务单据全部以企业真实原始单据来体现，与企业实际工作一致；实训内容涵盖财务会计、成本会计、税务会计、管理会计、财务管理等课程的主要知识。

2. 岗位操作性、真实性强

实训是通过全真模拟企业财务工作的实际环境，将学生分组，每组按一般企业真实财务工作岗位来分工，各企业团队岗位协作，共同完成一个企业的全部会计业务处理，实现课程实训与岗位能力精准对接；同时，实现了手工操作与电算化处理的双重实训目标，手工操作采用与实际工作相同的实训会计资料用具，满足传统手工会计操作的实训要求；电算化处理采用金蝶 K/3 财务软件的共享数据库模式，满足会计电算化的实训要求。学员在较短的时间内能提高专业岗位对接能力，在专业技能、实践经验、工作方法、团队合作等方面有较大的提高，利于更好地实现从学生到会计岗位角色的快速适应。

3. 实训教学手段的创新性

本书紧跟信息技术的发展，依托互联网，注重发挥在线数字资源辅助教学的功能。本书由"纸质教材+配套账册+数字化资源库"构建成课程的一体化教学资源；以会计岗位为资源节点，利用"云存储"等现代信息技术，存储关联对应的数字教学资源，包括业务操作基本规范、重难点解析、业务范例等内容；学员可通过"二维码"随扫随学、边学边练，为开展"泛在学习、混合学习、移动互联学习、翻转课堂学习"提供了基础；新颖的学习手段便于提高自主学习能力和学习效果。

4. 实训教学方式的多样性

本书的实训教学方式可采用课内与课外相结合，线上观看教学视频与线下学习相结合，老师讲授、示范与学生动手操作相结合，课堂实训与机房实训相结合的多种方式。可按教学进度安排，学员先在线上学习教学微视频，完成相应的作业；教师利用有限的课堂时间，针对教学的重难点和共性的问题进行讲解和讨论；课后学员可借助二维码对不清楚的问题"随扫随学"；学员可借助互联网和数字化资源库完成老师布置的作业；等等。

5. 实训材料统一实用，节约成本

本书提供的配套账册、报表等实训材料单独成册，便于学员使用、存档和节约实训成本；本书还提供了综合模拟实训练习题，便于读者练习；本书的数字化教学资源可通过 http://www.tupwk.com.cn/downpage 获取。

本书由丛书主编欧阳电平教授策划，确定编写思路和原则，组织讨论总体框架以及详细的大纲，最后对全书统一审核、修改、定稿。本书由李勇副教授任主编，负责拟定章节详细大纲并编写。欧阳电平教授参与了第一章第一节的编写；余焱老师对电算化实训部分进行了测试；陈林老师对上机实训进行了调试指导；陆丙乾、邓琴丽、邹道清帮助进行了实训案例的调试工作，在此，向他们表示衷心的感谢。本书是由欧阳电平教授担任丛书主编的会计信息化系列教材之一，在此对丛书其他编者对本书编写所提出的宝贵意见表示感谢。另外，本书的编写还参考和吸收了国内不少学者的相关研究成果，在此一并致谢。

本书属于湖北省教育厅普通本科高校"会计学专业综合改革试点"项目(鄂教高办〔2014〕6号，以及湖北省会计学会(2016—2018年)会计科研课题："课-岗-证-赛-创"融合的会计人才培养——基于"翻转课堂"教学模式(项目编号：HBKJ201618)的部分研究成果。

由于编者水平有限，教材中难免有欠妥和错误之处，恳请各位专家和广大读者批评指正。

作　者
2017 年 11 月于武汉

目 录

第一章

会计综合实训概述

第一节 会计综合实训的目的、特点与方式

一、实训目的

会计综合实训是财会类专业学生在完成基础会计、中级财务会计、成本会计、财务管理等基础课与专业课学习的基础上，为提高学生的专业实践能力，为毕业上岗对接，在高年级(一般在大三下学期、大四上学期)开设的一门专业综合模拟实习课程。主要目的是培养学生将所学的专业理论知识应用到企业财会工作实际的综合运用能力，通过综合实训检查和巩固学生所学的专业知识；熟悉企业业务与财会业务的工作流程，对实际财会工作中出现的问题能找到处理办法，提高学生分析问题和解决问题的能力；培养学生严谨、务实、负责的工作态度与职业素养。

然而，全球经济的快速发展与信息技术的广泛应用，会计这一传统职业的工作环境、工作手段也发生了天翻地覆的变化，会计综合实训课程也必须与时俱进，顺应时代的发展。显然，会计信息化是发展的必然趋势。从发展历程来看，会计信息化主要有三种应用模式：面向财务部门独立应用的会计信息系统(即部门级的应用模式)、面向企业全面应用的业务财务一体化的会计信息系统(即企业级的应用模式)、面向企业集团综合应用的会计信息系统(即集团级的应用模式)。由于各地区、各行业、各企业的会计信息化发展不平衡，这三种应用模式将长期并存。那么，手工会计处理方式还需掌握吗？我们根据多年的教学经验，认为是需要的。首先，会计综合实训主要是对学生所学的专业理论知识应用到会计工作实践的训练，重在专业知识综合应用实训，手工会计处理方式能使学生更加贴近专业实践，增强感性认识，有利于分析问题、解决问题能力的培养；其次，当前我国经济处于转型发展期，不少企业，尤其是快速发展的中小微型企业还需要会计人员掌握手工会计处理方式。考虑到各个高校会计综合实训课程开设的不同，为方便各高校的灵活选择，我们将《会计综合实训》教材分成《会计综合实训——从手工到电算化》(上篇)和《会计综合实训——业务财务一体化》(下篇)两本姊妹篇。

通过《会计综合实训——从手工到电算化》(上篇)，使学生全面、系统地掌握企业会计业务的基本知识内容、流程和方法，完成从经济业务的原始单据到会计报表产生的完整过程，并且掌握从手工操作到会计电算化(即部门应用模式)应具备的基本操作技能和技巧。"业

务财务一体化"是目前大中型企业以及上市公司会计信息化的主要应用模式，会计综合实训的内容扩大到企业业务(如采购、销售、库存等)与会计业务的一体化处理，以及集成的信息系统环境下内部控制环节的处理等，进一步提升学生的专业知识综合应用能力以及信息技术应用技能。

二、实训特点

进入"互联网+"时代，教学手段的改革创新在不断推进，如何依托现代信息技术有效地支持教学与学习服务，成为当前教材研发、课程建设的热点课题。《会计综合实训——从手工到电算化》紧跟信息时代的发展步伐，一方面，在教学手段信息化方面进行了改革创新，教材实现了依托互联网，将纸质教材与数字资源充分融合，并可以通过手机等多种终端形式应用；另一方面，本书和课程实现了手工与电算化"一体化"实训的需要，具有实训内容系统完整、贴切真实、紧跟会计发展特点，并具有连贯性和可验证性。主要特色如下：

(一) 内容时效性强

本书内容紧跟会计改革的新方向，结合我国财税改革的新要求，特别是"营改增"后涉及各种单据的变化，本书与改革方向保持一致，按最新政策要求，合理设计与编排教材内容，经济业务单据全部以企业真实原始单据来体现，与企业实际工作一致。

(二) 岗位操作性强

实训是将学生分组，每组按一般企业真实财务工作岗位来分工，各企业团队岗位协作，共同完成一个企业的全部会计业务处理，实现课程实训与岗位能力精准对接；同时，实现了手工操作与电算化处理的双重实训目标，既能满足传统手工会计操作的实训要求，又能满足会计电算化的实训要求，实训内容系统完整，具有连贯性和可验证性。

(三) 实训手段的时代性强

现代社会信息技术日新月异，会计教学手段和方式也在不断改革创新与发展。本书紧跟时代发展，依托互联网，注重发挥在线数字资源辅助教学的功能。本书的纸质教材与数字学习资源相互融合，以会计岗位为资源节点，利用"云空间"等现代信息技术，存储关联对应的数字教学资源，包括业务操作基本规范、重难点解析、业务范例等内容；学员可通过"二维码"随扫随学、边学边练，新颖的学习手段便于提高自主学习能力和学习效果。

三、实训方式

会计综合实训在校内进行：采用课堂实训与机房实训相结合；课内实训与课外实训相结合；线上观看教学视频与线下学习相结合；老师讲授、示范与学生动手操作相结合等多样化的实训方式。通过全真模拟企业的实际工作环境，采用来自企业的真实经济业务的实际案例，与实际工作相同的实训会计资料用具，教学过程理论结合实践，更强调学生的参与式学习。要求学员在较短的时间内能提高专业岗位对接能力，在专业技能、实践经验、工作方法、团队合作等方面有较大的提高，利于更好地实现从学生到会计岗位角色的快速适应。

（一）手工会计实训

通过课堂真实模拟企业的实际工作环境，将学生分组，每组按一般企业真实财务工作岗位来分工；采用来自企业的真实经济业务的实际案例，以及真实的纸质原始凭单、与实际工作相同的纸质记账凭证、会计账簿等会计资料用具；各企业团队岗位协作，共同完成一个企业的一个会计周期的全部会计业务处理。实训方式采用课内和课外相结合，网上观看视频和线下讨论、手工操作相结合，并且加强实训小组的评价和考核。小组内的学生可以轮岗实训。

（二）电算化实训

在计算机实验中心，运用财务软件真实模拟一个企业财务部电算化环境下的工作场景，即利用财务软件在共享服务器模式下构建一个财务部门独立应用的会计信息系统(部门级应用模式)。仍然按手工会计实训分组，每组按一般企业真实财务工作岗位来分工，各企业团队岗位合作，共同完成企业一个会计周期的全部会计业务处理。即将手工处理的会计业务转换到电算化处理，保证了会计核算的一致性、连续性和可验证性；同时学员可以掌握从手工到电算化的转换过程。

第二节　会计综合实训的内容与要求

一、实训内容

本书实训内容注重理论在实践中的运用，提高财会专业人才素质和动手操作能力，对制造企业会计核算全过程有一个较系统、完整的认识，达到将财会类专业理论与实际操作方法融会贯通的目的。具体实训内容如下。

（一）企业日常各类会计业务核算

采用"手工"与"电算化"两种操作方式相结合，以企业经济业务为基础，熟悉企业日常各类会计业务的核算与处理。

(1) 资金业务核算。包括货币资金、债务资金、权益资金的核算等。

(2) 往来业务核算。包括采购与付款、销售与收款、其他往来类业务核算等。

(3) 财产物资核算。包括企业存货、固定资产、无形资产等业务核算。

(4) 生产成本核算。包括材料成本、人工成本、制造费用的归集与分配，完工产品与在产品成本的分配，产品成本的计算等。

(5) 职工薪酬核算。包括工资、福利费、五险一金等职工薪酬的核算。

(6) 各项税费核算。包括流转税、所得税、附加税及其他小税种的计提、申报与缴纳。

(7) 经营成果核算。包括损益的结转，利润的核算与分配等。

(8) 其他业务核算。包括委托加工业务、代销业务、对外投资业务核算等。

（二）财务岗位综合实训

在本课程实训中，将基础会计、财务会计、成本会计、纳税会计、财务管理、会计信息化基础等课程的实践能力训练有机融合于财务各岗位实训中，采用"分岗""轮岗""混岗"的形式对各岗位工作进行全真模拟实训，明确各岗位工作内容，熟悉岗位间相互配合与制约，熟练处理企业一个完整会计期间的全部会计事项。

(1) 认知企业及会计工作。包括了解企业基本情况、企业内部会计制度、会计工作组织方式等。

(2) 企业建账。包括熟悉建账流程、建立账簿文件、设置会计账户、登记期初金额等。

(3) 各岗位日常业务处理。包括财务各岗位职责划分、权限设置、日常工作、工作流程与配合等。

(4) 期末处理。包括期末各项计提、摊销与结转处理，利润分配，财产清查，对账结账，报表编制，会计档案的整理、装订与归档工作等。

二、实训要求

(一) 期初建账

期初建账的具体步骤如下。

第一步：准备账簿，包括日记账、明细账、总账等。

第二步：填写"账簿启用表"，包括单位名称(工作中需盖单位公章)、账簿名称、起止页数、启用日期、记账人员和会计主管人员姓名等，工作变动时注明交接情况并签名或盖章，以明确责任。

第三步：建立账户，包括总账账户、二三级明细账户，并结转上期账户余额。

第四步：顺序编号，包括账簿按顺序编号、编制账户目录或贴索引纸等。

(二) 原始凭证的填制与审核

原始凭证，又称原始单据，是在经济业务发生或完成时取得或填制的，用以记录或证明经济业务的发生或完成情况，并作为记账原始依据的一种会计凭证，是进行会计核算的原始材料和重要依据。为了保证原始凭证能够正确、及时、清晰地反映交易或事项的真实情况，填制原始凭证必须符合下列基本要求。

(1) 真实可靠、内容完整。原始凭证所填列的经济业务内容和数字，必须真实可靠，符合实际，不得弄虚作假。

(2) 填制及时、手续完备。各种原始凭证一定要及时填写，并按规定的程序及时送达会计机构、会计人员进行审核。

(3) 书写规范、字迹清晰。各项书写填制应符合国家财经法规要求。

(4) 连续编号、不得涂改。原始凭证应连续编号，如果原始凭证已预先印定编号，在写坏作废时，应加盖"作废"章，并妥善保管，不得撕毁。

为了保证会计信息的真实性、可靠性和完整性，会计机构、会计人员在审核原始凭证时，应该严格审核以下几点。

(1) 审核原始凭证的真实性。原始凭证的真实性对会计信息的质量至关重要，审核时要看日期、业务、数据、原始凭证本身等是否真实。

(2) 审核原始凭证的合法性。原始凭证所记录的经济业务应遵守国家的各项法律、法规的规定，应该履行规定的凭证传递和审核程序。

(3) 审核原始凭证的合理性。原始凭证所记录的经济业务应该符合企业生产经营活动的需要，符合有关计划和预算，数据合理。

(4) 审核原始凭证的完整性。原始凭证各项基本要素应当齐全，日期、数字、金额完整，字迹清晰、签章齐全、联次正确。

(5) 审核原始凭证的正确性。原始凭证各项金额的计算及填写应当正确，大小写金额相符。

(6) 审核原始凭证的及时性。原始凭证的及时性是会计信息及时性的基础，审核时应注意审查凭证的填制日期，是否及时有效。

(三) 记账凭证的填制与审核

记账凭证，又称记账凭单或分录凭单，是会计人员根据审核无误的原始凭证按照经济业务事项的内容加以归类，并据以确定会计分录后所填制的会计凭证。记账凭证作为会计分录的载体，是证明会计信息系统对经济业务进行账务处理的凭证。填制记账凭证必须符合下列基本要求。

(1) 记账凭证各项内容必须完整。

(2) 记账凭证应连续编号。一笔经济业务需要填制两张以上记账凭证的，可以采用分数编号法编号，如 $1\frac{1}{2}$、$1\frac{2}{2}$ 等。

(3) 记账凭证的书写应清楚、规范。相关要求同原始凭证。

(4) 记账凭证可根据每一张原始凭证填制，或根据多张同类原始凭证汇总编制，也可以根据原始凭证汇总表填制，但不得将不同内容和类别的原始凭证汇总填制在一张记账凭证上。

(5) 除结账和更正错误的记账凭证外，其他记账凭证必须附有原始凭证。

(6) 填制记账凭证时若发生错误应当重新填制。已登记入账的记账凭证在当年内发现填写错误时，可以用红字填写一张与原内容相同的记账凭证。如果会计科目没有错误，只是金额错误，也可将正确数字与错误数字之间的差额，另编一张调整的记账凭证，调增金额用蓝字、调减金额用红字。发现以前年度记账凭证有错误的，应当用蓝字填制一张更正的记账凭证。

(7) 记账凭证填制完成经济业务事项后，如有空行，应当自金额栏最后一笔金额数字下的空行处至合计数上的空行处画线注销。

(8) 实行会计电算化的单位，对于机制记账凭证应当符合记账凭证的一般要求，打印出来的机制记账凭证要加盖制单人员、审核人员、记账人员及会计机构负责人(会计主管)印章或签字，以加强审核，明确责任。

记账凭证种类很多，格式不一，但其主要作用都在于对原始凭证进行分类、整理，按照复式记账的要求，运用会计科目，编制会计分录，据以登记账簿。因此，记账凭证必须具备以下基本内容：①记账凭证的名称；②填制记账凭证的日期；③记账凭证的编号；④经济业务事项的内容摘要；⑤经济业务事项所涉及的会计科目及其记账方向；⑥经济业务事项的金额；⑦记账标记；⑧所附原始凭证张数；⑨会计主管、记账、审核、出纳、制单等有关人员的签章。

为了正确登记账簿和监督经济业务，除了编制记账凭证的人员应当认真负责、正确填制、加强自审以外，同时还应建立专人审核制度。记账凭证是根据审核后合法的原始凭证填制的，因此，记账凭证的审核，除了要对原始凭证进行复审外，还应注意以下几点。

(1) 合规性审核。

审核记账凭证是否附有原始凭证，原始凭证是否齐全，内容是否合法，记账凭证所记录的经济业务与所附原始凭证所反映的经济业务是否相符。

(2) 技术性审核。

审核记账凭证的应借、应贷科目是否正确，账户对应关系是否清晰，所使用的会计科目及其核算内容是否符合会计制度的规定，金额计算是否准确。摘要是否填写清楚，项目填写是否齐全(如日期、凭证编号、二级和明细会计科目、附件张数以及有关人员签章等)。

在审核过程中，如果发现差错，应查明原因，按规定办法及时处理和更正。只有经过审核无误的记账凭证，才能据以登记账簿。

(四) 会计账簿的登记

会计账簿简称账簿，是由具有一定格式、相互联系的账页所组成，用来序时、分类地记录一个企业经济业务事项的会计簿籍。设置和登记会计账簿，是会计核算重要的基础工作，是连接会计凭证和会计报表的中间环节，是编制会计报表，进行分析与检查的重要依据。各单位每天发生的经济业务都要记账，记账的依据是会计凭证。登记账簿的规范要求如下。

(1) 登记账簿时，应当将会计凭证日期、编号、业务内容摘要、金额和其他有关资料逐项记入账内，同时记账人员要在记账凭证上签名或者盖章，并注明已经登账的符号(如打"√")，防止漏记、重记和错记情况的发生。

(2) 各种账簿要按账页顺序连续登记，不得跳行、隔页。如发生跳行、隔页，应将空行、空页画线注销，或注明"此行空白"或"此页空白"字样，并由记账人员签名或盖章。

(3) 登记账簿时，要用蓝黑墨水或者碳素墨水书写，不得用圆珠笔(银行的复写账簿除外)或者铅笔书写。红色墨水只能用于制度规定的"按红字冲账的记账凭证、在不设减少金额栏的多栏式账页中，登记减少数、在三栏式账户的余额栏前，如未印明余额方向的，在余额栏内登记负数金额"等情况。

(4) 记账要保持清晰、整洁。记账文字和数字要端正、清楚、书写规范，一般应占账簿格距的二分之一，以便留有改错的空间。

(5) 凡需结出余额的账户，应当定期结出余额。现金日记账和银行存款日记账必须每天结出余额。结出余额后，应在"借或贷"栏内写明"借"或"贷"的字样。没有余额的账户，应在该栏内写"平"字，并在余额栏"元"位上用"0"表示。

(6) 每登记满一张账页结转下页时，应当结出本页合计数和余额，写在本页最后一行和下页第一行有关栏内，并在本页的摘要栏内注明"过次页"字样，在次页的摘要栏内注明"承前页"字样。

(五) 对账与结账

对账是指在本期内对账簿记录进行核对。为了保证各种账簿记录的完整和正确，为编制会计报表提供真实可靠的数据资料，在结账之前，必须做好对账工作。

对账主要包括账证核对、账账核对、账实核对。

(1) 账证核对，是指各种账簿的记录与有关会计凭证进行核对。

(2) 账账核对，是指各种账簿之间的有关数字进行核对。主要包括如下几项。

① 总分类账各账户本月借方发生额合计数与贷方发生额合计数是否相等；期末借方余额合计数与贷方余额合计数是否相等，以检查总分类账户的登记是否正确。

② 各明细分类账的本期借、贷方发生额合计数及期末余额合计数与总分类账应该分别

核对相符,以检查各明细分类账的登记是否正确。

③ 现金日记账和银行存款日记账的本期借、贷方发生额合计数及期末余额合计数与总分类账应该分别核对相符,以检查日记账的登记是否正确。

④ 会计部门有关财产物资的明细分类账结存数,应该与财产物资保管或使用部门的有关保管账的账存数核对相符,以检查双方记录是否正确。

(3) 账实核对,是指各种财产物资的账面余额与实存数额相核对。具体内容包括如下几项。

① 现金日记账账面余额与实地盘点的库存现金实有数相核对。

② 银行存款日记账账面余额与开户银行账目(银行对账单)相核对。

③ 各种财产物资明细分类账账面余额与其清查盘点后的实存数相核对。

④ 各种应收、应付款明细分类账账面余额与有关债务、债权单位的账目相核对。账实核对一般是通过财产清查进行的。对此,将在财产清查一节做详细说明。

各个单位的经济活动是连续不断进行的,为了总结每一会计期间(月份、季度、年度)的经济活动情况,考核经营成果,编制会计报表,就必须在每一会计期末进行结账。结账是指在将本期内所发生的经济业务全部登记入账的基础上,于会计期末按照规定的方法结算账目,包括结算出本期发生额和期末余额。

1. 结账的主要程序和内容

(1) 结账前,必须将本期内发生的各项经济业务全部登记入账。

(2) 实行权责发生制的单位,按照权责发生制的要求,进行账项调整的账务处理,并在此基础上,进行其他有关转账业务的账务处理,以计算确定本期的成本、费用、收入和利润。需要说明的是,不能为了赶编报表而提前结账,也不能将本期发生的经济业务延至下期登账,更不能先编会计报表后结账。

(3) 结账时,应结出现金日记账、银行存款日记账以及总分类账和明细分类账各账户的本期发生额和期末余额,并将期末余额结转下期。

2. 结账的方法

计算登记各种账簿本期发生额和期末余额的工作,一般按月进行,称为月结;有的账目还应按季结算,称为季结;年度终了,还应进行年终结账,称为年结。期末结账主要采用画线结账法,也就是期末结出各账户的本期发生额和期末余额后,加以画线标记,将期末余额结转下期。结账时,不同的账户记录应分别采用不同的方法。

(1) 对于需按月统计发生额的账户,在期末结账时,要在最后一笔业务记录下面的借方栏开始到余额栏为止画通栏单红线,结出本月发生额和余额,在摘要栏内盖"本月合计"戳记,在"本月合计"栏下面再画一条同样的通栏红线。

(2) 对于需要结计本年累计发生额的账户每月结账时,应在"本月合计"栏下结出自年初至本月末止的累计发生额,登记在月份发生额下面,在摘要栏写明"本年累计"字样,在栏下再画一条通栏红线,12月末的"本年累计"就是全年累计发生额,应在全年累计发生额下面画通栏双红线,表示年末结账。

(3) 对于不需按月结计发生额的账户,如应收应付、财产物资明细账,每登记一次,就要随时结出余额,每月最后一笔余额就是月末余额,月末结账时,只需在最后一笔业务记录下面自借方栏至余额栏画通栏红线即可。

(4) 对于总账账户只需结出月末金额即可,但在年终结账时,为了总括反映企业财务状况和经营成果全貌，核对账目时，需将所有总账账户结出全年发生额和年末余额，在摘要栏内注明"本年合计"字样，并在合计栏下画通栏红线。

(5) 企业在年度终了，会计人员需要结账。凡有余额的账户，应将其余额结转下年，并在摘要栏注明"结转下年"字样。将所有有余额的账户余额直接过入新账余额栏内，不需专门编制记账凭证，也不需要将余额再记入各账户的借方，使本年余额为零。

(六) 会计报表的编制

会计报表是企业财务报告的主要部分，是企业向外传递会计信息的主要手段，会计报表是根据日常会计核算资料定期编制的，综合反映企业某一特定日期财务状况和某一会计期间经营成果、现金流量的总结性书面文件。企业会计报表的编制应当真实可靠、全面完整、前后一致、编报及时、相关可比、便于理解，符合国家统一的会计制度的规定。

(1) 真实可靠。会计报表各组成项目的数据必须建立在真实可靠的基础之上，根据审核无误的账簿及相关资料编制。企业编制的会计报表应当如实反映企业的财务状况、经营成果和现金流量。

(2) 全面完整。会计报表应当反映企业生产经营活动的全貌，全面反映企业的财务状况、经营成果和现金流量，不得漏报、瞒报，对重要的事项，应当按要求在报表附注中进行说明，以满足报表使用者对财务会计信息资料的需要。

(3) 前后一致。编制会计报表依据的会计方法，前后期应当遵循一致性原则，不能随意变更。如果确实需要改变某些会计方法，应在报表附注中说明改变的原因及改变后对报表指标的影响。

(4) 编报及时。企业应根据有关规定，按月、季、半年、年及时对外报送会计报表。会计报表的报送期限，由国家统一规定，符合企业管理的需求。

(5) 相关可比。财务会计报告的相关可比，是指企业财务会计报告所提供的财务会计信息必须与财务会计报告使用者的决策相关，并且便于财务会计报告的使用者在不同企业之间及同一企业前后各期之间进行比较。

(6) 便于理解。指财务会计报告所提供的会计信息应当清晰明了，便于使用者理解和利用。如果提供的会计报表晦涩难懂，不易理解，报表使用者不能据此做出准确的判断，甚至误导投资者，会计报表的作用就会大打折扣。

会计报表的具体编制方法如下。

1. 资产负债表的编制方法

(1) 表中各项"年初余额"的填列。

资产负债表"年初余额"栏内各项数字，应根据上年末资产负债表"期末余额"栏内所列数字填列。如果本年度资产负债表规定的各个项目名称和内容同上年度不一致，应对上年末资产负债表各项目的名称和数字按照本年度规定进行调整，并填入表中"年初余额"栏。

(2) 表中各项目"期末余额"的填列。

资产负债表"期末余额"栏内各项数字，应根据会计账簿记录填列。其中，大多数项目可以直接根据账户余额填列，少数项目则要根据账户余额进行分析、计算后填列，具体填列方法有以下几种。

① 直接根据总分类账户余额填列。

资产负债表中大多项目的数字可以根据有关总分类账户的余额直接填列。

② 根据若干个总分类账户的期末余额计算填列。

如"货币资金"项目应根据"库存现金""银行存款""其他货币资金"总分类账户期末余额合计数填列；"存货"项目应根据"在途物资""原材料""生产成本""周转材料""库存商品""存货跌价准备"等账户余额计算填列；等等。

③ 根据总分类账户所属明细分类账户余额分析、计算后填列。

资产负债表某些项目不能根据总分类账户的期末余额，或若干个总分类账户的期末余额计算填列，需要根据有关账户所属的相关明细账户的期末余额计算填列，如"应收账款""预付款项""应付账款"及"预收款项"等项目。

④ 根据总账账户和明细账户余额分析计算填列。

资产负债表上某些项目不能根据有关总账账户的期末余额直接填列或计算填列，也不可能根据有关账户所属相关明细账户的期末余额计算填列，需要根据总账账户和明细账户余额分析计算填列，如"长期借款"项目，要根据"长期借款"总账账户余额扣除明细账户中一年内到期的长期借款部分计算填列。

2. 利润表的编制方法

利润表根据损益类账户的本期发生额编制。

(1) 本月金额：根据损益类账户当期的发生额分析填列。

(2) 本年累计金额：根据截止到上月末的累计金额与本月金额之和填列。

(3) 上年金额：根据上年全年累计实际发生数填列。

第三节 会计综合实训课程安排、准备与步骤

一、实训课程安排

(一) 课程学时安排

会计综合实训一般安排在大三下学期或大四上学期进行，在学生实习上岗工作前期开设。建议参考课堂学习时长为 48 课时左右，其中手工实训约为 36 课时，电算化实训为 12 课时左右，各单位可根据教学的实际情况做相应调整。

(二) 小组分工安排

实训过程中，可按学号顺序每 5 人一组，分小组分岗位分任务，按企业实际业务流程进行。小组成员既团队合作，完成从企业建账到财务报表的编制等全部实训任务；又分工轮岗，训练不同岗位的工作内容与要点。在实训过程中，各小组间还可开展竞赛、业务能力评比，成员之间互评，提升学习兴趣，达到好的学习效果。

需要说明的是，由于每个单位规模大小不一，机构设置不尽相同，财务岗位设置也不一样，本实训中每个小组设置 5 个财务岗位，分别是出纳、会计、会计主管、财务经理、财务总监，他们相互配合，实训中定期轮岗，共同完成全部实训任务。在整个实训过程中，教师可根据实际情况安排更换角色，进行轮岗操作，以便每一位学员对不同的岗位操作进行实训，以胜任今后的工作需要。具体实训中各单位可结合实际情况灵活安排。

(三) 实训模式

本课程实训，利用信息化教学手段，创新实训模式。实训资料由"纸质主体教材+配套账册+数字化资源库"构成课程实训一体化资源，为开展"泛在学习、混合学习、移动互联学习、翻转课堂学习"提供必要的基础；配套富媒体交互式电子教学资源，可将图、文、表、音频、视频、测试题等教学资源分享到社交媒体，如 QQ、微信、微博等，使实训集讲、学、练、考、评于一体。

实训中可采用线上加线下一体化学习的"翻转课堂"模式(如图 1-1 所示)。按教学进度安排，学习者先在线上学习课程微视频，完成相应的作业；针对学习与作业完成情况，教师在课堂上利用有限的时间，对教学重难点与共性问题进行重点讲解、讨论与总结，对个性问题可线上线下进行辅导与答疑；课后再完成相应的作业与任务，利用网络平台补充必要的实训，一方面巩固对知识的掌握程度，另一方面强化实践能力的提高。学生可借助互联网在移动终端随时随地完成老师布置的作业(如图 1-2 所示)，教师也可在线随时查看学生作业完成情况(如图 1-3 所示)。

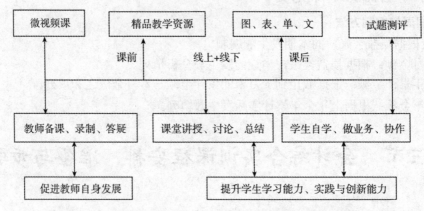

图 1-1　线上+线下一体化会计综合实训模式

图 1-2　学生完成作业　　　　　图 1-3　学生作业完成情况分析

(四) 考核评价

传统的考核方式简便易行但不能较好地评价学生对知识的掌握程度，采用传统考核方式与信息化考核手段相结合，利用平台化、信息化、移动化的教学手段，可动态地记录学生投入的学习时长、学习进度、完成任务情况、平时学习排名、参与讨论的情况等信息，精确地分析学生对知识的掌握程度。综合学习者的学习时长、学习效果、学习主动性等指标进行考评，使之更加客观、公正、全面，也能促进学生全过程的多样式学习，实现学习与评价同步。

如果不具备本课程所需的财务信息化软件与环境，仍可使用本书的业务资料，采用手工会计实训方式完成学习。

二、实训材料准备

本书为了解决实际教学中遇到的实训材料不统一、不规范、不合理、浪费、不便保管等问题，本着人性化与节约的原则，创新地将会计综合实训课程所需的各类账簿及其启用表、财务报表等资料，单独整合成一册，方便学生配套课程学习实训使用(一册在手，别无他求)。本书也利于学校存档，将所需实训业务单据附于书后，采用单面印刷，沿书脊用钢模压线(孔)，便于实训操作时裁剪，整齐美观。既减轻采购的负担，避免了所采购的物品不适用、不规范的情况，也减轻了学生的负担、降低了学校档案保管工作的压力，还节省了纸张，利于环保。

本教材所需的实训材料明细如下。

(1) 记账凭证 120 张。

(2) 记账凭证封面及封底 2 张。

(3) 增值税专用发票扣税联封面及封底 1 张。

(4) 实训账簿与报表 1 册。

三、实训步骤

本课程学习分以下 4 个阶段进行。

1. 学习准备阶段

(1) 进行分组，每 5 个同学为一组，成立一个财务部，小组成员分别担任出纳、会计(分不同岗位)、会计主管、财务经理、财务总监，并根据实际情况进行轮岗。

(2) 熟悉实训企业情况，了解企业财务核算制度，根据业务类型及初始资料，进行建账。

2. 手工账阶段

(1) 期初建账。根据上期末的资料，进行建账。

(2) 审核原始单据，填制记账凭证。对企业当月经济业务所形成的单据进行审核，并正确进行会计处理(每笔业务均根据实际工作进行设计，并充分考虑会计岗位间票据传递流程、审批手续流程、岗位及部门之间联系、财税处理实际操作、注意事项等相关内容)。

(3) 登记日记账与明细账。

(4) 登记总分类账，月末进行对账与结账。

(5) 编制财务会计报表。

(6) 纳税申报表的填制与申报。

(7) 会计档案整理与归档。

3. 电算化实训阶段

(1) 各小组在服务器上新建账套。

(2) 各小组根据企业基本情况进行电算化建账等初始设置。

(3) 初始化结束后，小组成员根据权限进行各自岗位的日常经济业务处理。

(4) 全部业务处理完毕，审核、过账后结转损益，出具财务报表。

(5) 对模拟企业进行财务数据分析。

4. 课程考核与总结

学生撰写实训总结报告，对实训情况进行评价，评价由学生自评、小组互评、教师综合评价三部分构成；教师对课程情况进行分析总结。实际教学过程中，教学可根据具体情况做相应的调整(课程总结与评分表见附册)。

概述.mp4

第二章

会计综合实训资料

第一节　企业基本情况

一、企业概况

企业名称：武汉珞珈服饰有限责任公司

注册地址：武汉市武昌区珞珈山路 18 号

注册资本：500 万元(其中李虹出资 51%，张莉出资 49%)

成立时间：2015 年 10 月 28 日

企业电话：027-87652888

法定代表人：李虹

经营范围：生产销售女装、羊毛衫、羽绒服等女士精品服饰，以及运动系列服饰

统一社会信用代码：420106000018189090

增值税纳税人身份：经税务机关核准为增值税一般纳税人，适用税率为 17%

基本户开户银行：工商银行武汉东湖支行(行号：2688)

账号：42100 0515 6388 7209 1860

一般户开户银行：招商银行武汉东湖支行(行号：7687)

账号：42102 0516 6389 7210 1861

银行预留印鉴：公章、法人章、财务专用章、五证合一、一照一码

企业共有员工 128 人，其中行政与业务人员如下。

总经理：高涛

财务总监：胡凤霞　　　财务部经理：钱静

会计主管：龚金艳　　　会计：王燕　　　　　出纳：方玉霞

采购部经理：闵家辉　　　采购员：赵作义　　仓库管理员：王晓兰

销售部经理：金明　　　　销售员：郑飞

生产人员：共计 90 人。其中：车间工人 80 人，分别是一车间生产羽绒服 25 人，二车间生产棉衣 37 人，三车间生产羊绒衫 18 人；车间管理人员 10 人，分别是车间总主管 1 名，3 个车间各设 1 名车间主任，2 名一般管理人员。

车间工人工资为 2350.00 元，车间总主管工资为 3500.00 元，车间主任工资为 2700.00 元，车间管理人员工资为 2600.00 元。

总经理工资为 6000.00 元，部门经理工资为 3500.00 元，其他业务人员工资为 2800.00 元，销售经理工资为 3000.00 元，销售助理工资为 2500.00 元。

二、企业组织机构

武汉珞珈服饰有限责任公司共有 5 个部门，分别是物资采购部、销售部、生产部、行政人事部、财务部。公司组织机构如图 2-1 所示。

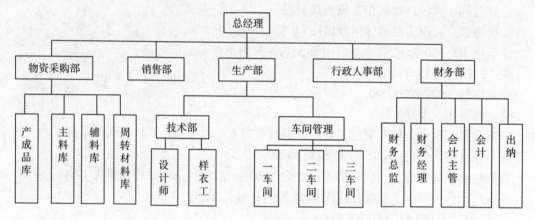

图 2-1　企业组织机构图

三、财务部岗位设置及岗位职责

武汉珞珈服饰有限责任公司财务部设有出纳、会计、会计主管、财务部经理、财务总监 5 个岗位，各岗位分工合作，按岗位职责完成日常各项财务工作，既各负其责又相互制约。

1. 财务总监：胡凤霞

工作职责：财务预算、决算；编制财务分析报告；拟订计划、进行工作总结；参与企业战略规划、决策建议；建立健全财务管理制度及岗位责任制；等等。

2. 财务部经理：钱静

工作职责：资金管理，费用审核，合同审核，会计核算审核，财务人员分工、培训与考核；财务分析；参与企业经营管理决策；其他财务相关工作。

3. 会计主管：龚金艳

工作职责：全面负责会计核算工作；财产清查、月末对账、错账调整；复核会计凭证和账簿等会计资料；进行月末、年末结转；编制财务报表及附注；年末财务处理；领导交办的其他工作。

4. 会计：王燕

工作职责：日常核算工作，如产品成本核算、收入费用核算、往来业务核算等；领导交办的其他工作。

5. 出纳：方玉霞

工作职责：办理货币资金的收付业务；登记日记账；办理银行相关业务；填制《资金报表》；领导交办的其他任务。

财务岗位的分工
.mp4

第二节　企业财务制度及核算方法

一、企业财务会计制度

武汉珞珈服饰有限责任公司实行独立核算，适用 2006 年颁布的《企业会计准则》。按照《中华人民共和国会计法》《会计基础工作规范》和《会计档案管理办法》等财经法律法规的规定，填制会计凭证，登记会计账簿，管理会计档案。

公司定期编制财务会计报告，向财务会计报告使用者(投资者、债权人、政府及其有关部门和社会公众)提供企业财务状况、经营成果和现金流量等会计信息，反映企业管理层受托责任履行情况，为财务会计报告使用者提供决策依据。

二、账务处理程序

账务处理程序是指由原始凭证到编制记账凭证，登记明细分类账和总分类账，编制会计报表的工作程序和方法。具体地说，就是从原始凭证的取得开始，整理、汇总、审核原始凭证，填制、汇总记账凭证，登记日记账、明细分类账、总分类账等各种账簿，编制会计报表的一系列会计处理步骤和方法。

企业日常财务工作的一般流程，是在每一个会计期间内，按照国家规定的会计制度，运用一定的会计方法，遵循一定的会计步骤对经济业务形成的数据进行记录、计算、汇总、报告,从编制会计凭证,登记会计账簿到形成会计报表的全过程。通常,我们将这种依次发生、周而复始的以记录为主的会计处理过程称为会计循环。

具体来说,财务每月工作是按照以下几个步骤循环进行的。

(1) 建账。根据企业具体行业要求和将来可能发生的会计业务情况,购置所需要的账簿,然后根据企业日常发生的业务情况和会计处理程序登记账簿。

(2) 审核原始凭证。包括经济业务分析、原始凭证审核等工作。

(3) 编制记账凭证。即对企业发生的经济业务进行确认和计量,并根据其结果,运用复式记账法编制会计分录,填写会计凭证。

(4) 登记有关账簿。即根据会计凭证分别登记有关的日记账、总分类账和明细分类账,并结出发生额和余额。

(5) 编制试算平衡表。即根据总分类账试算平衡表和明细分类账试算平衡表,检查记账有无错误。

(6) 对账和结账。对账是为确保账簿记录的正确,完整真实,在有关经济业务入账以后,进行的对账工作,主要有账账相对、账证相对和账实相对。结账即结清账目,在把一定时期所发生的经济业务全部登记入账后,将各种账簿记录的经济业务结算清楚,结出本期发生额合计和期末余额,或将余额结转下期,以便编制会计报表,分清上下期会计记录和分期继续核算。

(7) 编制和报送财务报告。根据账簿记录编制资产负债表、利润表、现金流量表等,报告企业财务状况和经营成果。

(8) 报税、会计档案归档。通常这项工作是在下月初完成,企业财务人员应根据税务部门的规定,在月初完成报税工作,并整理上月会计、税务等各项会计档案资料,及时归档。

财务人员每个月的工作其实是非常有规律的,随着企业经济业务每个月周而复始地进行,财务工作也在不断循环,每个财务人员都应做到心中有数。

企业财务月工作流程.mp4

武汉珞珈服饰有限责任公司采用科目汇总表的账务处理程序如图 2-2 所示。

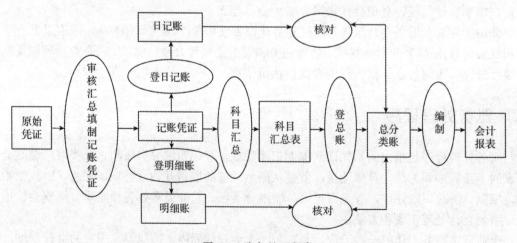

图 2-2　账务处理程序

三、企业会计核算方法

武汉珞珈服饰有限责任公司会计核算以权责发生制为基础，以人民币为记账本位币。根据有关会计法律、行政法规和会计制度的规定，在不违反法律的前提下，结合企业的具体情况，制定企业的会计核算办法如下。

(一) 坏账的核算

武汉珞珈服饰有限责任公司采用备抵法核算企业坏账，设置"坏账准备"账户，采用余额百分比法计提坏账准备，按年末应收账款余额的1%计提(根据税法规定，其计提的坏账准备不允许税前扣除)。

(二) 存货的核算

武汉珞珈服饰有限责任公司的存货主要有原材料、周转材料、库存商品、发出商品、月末在产品，其中发出商品按发出地点设置明细账，用三栏式账页登记；其他存货按材料品名、商品品种设置明细账，用数量金额式账页登记，有关存货的核算方法如下。

(1) 原材料按实际成本法进行核算；按品名设置明细账户。

(2) 周转材料采用一次摊销法核算。

(3) 公司总仓与分仓库之间的存货调拨按期初单位成本计价，其他发出均按月末一次加权平均法计价。

(4) 月末对存货进行清查，编制盘盈盘亏报告单，报经批准后在年末结账前处理完毕。

(5) 产品成本按品种法进行核算，制造费用按工资比例进行分配。

(6) 月末在产品按所耗用的直接材料成本计价，不计算人工与制造费用。

(三) 固定资产核算

(1) 武汉珞珈服饰有限责任公司对固定资产按平均年限法计提折旧，预计净残值率为4%。

(2) 年末对固定资产进行清查，编制盘盈盘亏报告单，报经批准后在年末结账前处理完毕。

(四) 五险一金缴纳比例

企业住房公积金按统一标准缴纳，单位缴纳200.00元/人/月，个人缴纳200.00元/人/月；五险缴纳比例如表2-1所示。

表2-1　五险缴纳比例

险种	缴费基数	单位承担		个人承担		合计	
		比例	金额	比例	金额	比例	金额
养老保险	2000.00	19%	380.00	8%	160.00	27.00%	540.00
医疗保险	2000.00	8%	160.00	2%	40.00	10.00%	200.00
大额医疗					7.00		7.00
失业保险	2000.00	0.70%	14.00	0.30%	6.00	1.00%	20.00
工伤保险	2000.00	0.48%	9.60	—		0.48%	9.60
生育保险	2000.00	0.70%	14.00	—		0.70%	14.00
合计		28.88%	577.60	10.30%	213.00	39.18%	790.60

(五) 水电费分配方法

武汉珞珈服饰有限责任公司水电费的分配，根据公司各部门水电分表按实际用量分配，按受益原则由各使用部门分摊。

(六) 收入的核算

(1) 专卖店按实际销售额确认收入，每月汇总一次。

(2) 群光广场与新世界以收到销售清单开出发票确认收入。

(3) 其他销售按收入实现条件确认收入。

(七) 税费的核算

(1) 增值税：武汉珞珈服饰有限责任公司为一般纳税人，税率为 17%。

(2) 城市维护建设税：税率为 7%。

(3) 教育费附加：税率为 3%。

(4) 地方教育附加：税率为 2%。

(5) 堤防费：税率为 2%。

(6) 房产税：从租计征，租金收入的 8%。

(7) 印花税：税率表见表 2-2。

(8) 企业所得税：税率为 25%，根据会计利润按季申报预缴，年终汇算清缴。

个人所得税的核算
与申报.mp4

常见小税种核算
.mp4

(9) 工资薪金个人所得税代扣代缴义务人，税率表见表 2-3。

表 2-2　印花税税目税率表

税目	范围	税库	纳税人	说明
购销合同	包括供应、预购、采购、购销、结合及协作、调剂等合同	按购销金额 0.3‰贴花	立合同人	
加工承揽合同	包括加工、定做、修缮、修理、印刷、广告、测绘、测试等合同	按加工或承揽收入 0.5‰贴花	立合同人	
建设工程勘察设计合同	包括勘察、设计合同	按收取费用 0.5‰贴花	立合同人	
建筑安装工程承包合同	包括建筑、安装工程承包合同	按承包金额 0.3‰贴花	立合同人	
财产租赁合同	包括租赁房屋、船舶、飞机、机动车辆、机械、器具、设备等合同	按租赁金额 1‰贴花。税额不足 1.00 元，按 1.00 元贴花	立合同人	
货物运输合同	包括民用航空运输、铁路运输、海上运输、联运合同	按运输费用 0.5‰贴花	立合同人	单据作为合同使用的，按合同贴花
仓储保管合同	包括仓储、保管合同	按仓储保管费用 1‰贴花	立合同人	创单或栈单作为合同使用的，按合同贴花

（续表）

税目	范围	税库	纳税人	说明
借款合同	银行及其他金融组织和借款人	按借款金额 0.05% 贴花	立合同人	单据作为合同使用的，按合同贴花
财产保险合同	包括财产、责任、保证、信用等保险合同	按保险费收入 1‰ 贴花	立合同人	单据作为合同使用的，按合同贴花
技术合同	包括技术开发、转让、咨询、服务等合同	按所载金额 0.3‰ 贴花	立合同人	
产权转移书据	包括财产所有权、版权、商标专用权、专利权、专有技术使用权、土地使用权出让合同、商品房销售合同等	按所载金额 0.5‰ 贴花	立据人	
营业账簿	生产、经营用账册	记载资金的账簿，按实收资本和资本公积的合计金额 0.5‰ 贴花　其他账簿按件计税 5.00 元/件	立账簿人	
权利、许可证照	包括政府部门发给的房屋产权证、工商营业执照、商标注册证、专利证、土地使用证	按件贴花 5.00 元	领受人	

表 2-3　工资、薪金所得适用个人所得税累进税率表

级数	全月应纳税所得额		税率(%)	速算扣除数
	含税级距	不含税级距		
1	不超过 1500.00 元的	不超过 1455.00 元的	3	0
2	超过 1500.00 元至 4500.00 元的部分	超过 1455.00 元至 4155.00 元的部分	10	105.00
3	超过 4500.00 元至 9000.00 元的部分	超过 4155.00 元至 7755.00 元的部分	20	555.00
4	超过 9000.00 元至 35 000.00 元的部分	超过 7755.00 元至 27 255.00 元的部分	25	1005.00
5	超过 35 000.00 元至 55 000.00 元的部分	超过 27 255.00 元至 41 255.00 元的部分	30	2755.00
6	超过 55 000.00 元至 80 000.00 元的部分	超过 41 255.00 元至 57 505.00 元的部分	35	5505.00
7	超过 80 000.00 元的部分	超过 57 505.00 元的部分	45	13 505.00

（八）利润的核算

本年利润采用账结法，每月末均需将各损益类账户的余额转入"本年利润"科目。年度终了，将本年实现的净利润转入"利润分配—未分配利润"账户进行利润分配。

按全年净利润的 10% 提取法定盈余公积，任意盈余公积、应付股利按股东会议决议确定。

（九）说明

(1) 本书中能扣抵进项税额的增值税发票抵扣联均在当月办妥税务认证（抵扣联略）。

(2) 假设武汉珞珈服饰有限责任公司 2017 年 1～11 月份未发生业务招待费。

第三节 企业建账资料

实训的建账资料是根据武汉珞珈服饰有限责任公司 2017 年 12 月份有关期初资料，在课程配套的账簿与报表(附录 4)上，按照不同的会计账户，选择不同的格式的账页完成建账工作，并登记各日记账、明细分类账、总分类账账户的期初余额。没有期初余额的账户，在实际经济业务发生时陆续开设。

一、企业 2017 年 12 月份会计科目期初余额表

武汉珞珈服饰有限责任公司

2017 年 12 月会计科目期初余额表

科目编码	总账科目	明细账科目	借方余额	贷方余额	明细账页格式
1001	库存现金		5 515.70		三栏式
1002	银行存款		720 923.10		三栏式
1002.01		工行	670 923.10		三栏式
1002.02		招行	50 000.00		三栏式
1012	其他货币资金		—		三栏式
1012.01		存出投资款			三栏式
1101	交易性金融资产		210 000.00		三栏式
1101.01		成本	200 000.00		三栏式
1101.02		公允价值变动	10 000.00		三栏式
1121	应收票据		328 000.00		三栏式
1121.01		群光广场	328 000.00		三栏式
1122	应收账款		1 161 100.00		三栏式
1122.01		新世界	258 100.00		三栏式
1122.02		群光广场	650 000.00		三栏式
1122.03		株洲天雅	153 000.00		三栏式
1122.04		长沙服联	100 000.00		三栏式
1123	预付账款		7 800.00		三栏式
1123.01		光谷广场	5 800.00		三栏式
1123.02		晴川物业	2 000.00		三栏式
1221	其他应收款		82 864.00		三栏式
1221.01		代垫员工社保	27 264.00		三栏式
1221.02		代垫员工住房公积金	25 600.00		三栏式
1221.03		武商量贩保证金	10 000.00		三栏式
1221.04		仓库押金	20 000.00		三栏式

(续表)

科目编码	总账科目	明细账科目	借方余额	贷方余额	明细账页格式
1231	坏账准备			2 690.00	三栏式
1231.01		应收账款		2 690.00	三栏式
1403	原材料		423 750.00		数量金额式
1403.01		主材	365 770.00		数量金额式
1403.02		辅材	57 980.00		数量金额式
1405	库存商品		585 680.00		数量金额式
1405.01		羽绒服	150 880.00		数量金额式
1405.02		棉衣	268 200.00		数量金额式
1405.03		羊绒衫	166 600.00		数量金额式
1406	发出商品		631 814.00		数量金额式
1406.01		专卖店	405 120.00		数量金额式
1406.02		群光广场	108 434.00		数量金额式
1406.03		新世界	118 260.00		数量金额式
1411	周转材料		15 497.00		数量金额式
1411.01		包装物	13 800.00		数量金额式
1411.02		低值易耗品	1 697.00		数量金额式
1601	固定资产		3 130 000.00		三栏式
1601.01		房屋	2 800 000.00		三栏式
1601.02		生产设备	186 000.00		三栏式
1601.03		办公设备	58 500.00		三栏式
1601.04		交通工具	85 500.00		三栏式
1602	累计折旧			184 326.00	三栏式
1604	在建工程		1 960 000.00		三栏式
1604.01		厂房	1 960 000.00		三栏式
1701	无形资产		1 000 000.00		三栏式
1701.01		商标权	1 000 000.00		三栏式
1702	累计摊销			84 000.00	三栏式
2202	应付账款			280 138.00	三栏式
2202.01		汉口毛纺		120 753.00	三栏式
2202.02		琴台纽扣		2 800.00	三栏式
2202.03		柯桥布料		53 000.00	三栏式
2202.04		汉阳包装		1 360.00	三栏式
2202.05		东湖羊毛		68 015.00	三栏式
2202.06		大桥缝纫		9 680.00	三栏式
2202.07		缤纷丝线		2 100.00	三栏式
2202.08		飞翔股份		15 830.00	三栏式
2202.09		暂估应付款		6 600.00	三栏式

(续表)

科目编码	总账科目	明细账科目	借方余额	贷方余额	明细账页格式
2203	预收账款			10 000.00	三栏式
2203.01		汉口北服装城		10 000.00	三栏式
2211	应付职工薪酬			379 200.00	三栏式
2211.01		工资		379 200.00	三栏式
2211.02		福利费			三栏式
2211.03		社会保险			三栏式
2211.04		住房公积金			三栏式
2211.05		工会经费			三栏式
2211.06		职工教育经费			三栏式
2221	应交税费			78 061.10	三栏式
2221.01		未交增值税		68 265.00	三栏式
2221.02		应交城建税		4 778.55	三栏式
2221.03		教育费附加		2 047.95	三栏式
2221.04		地方教育附加		1 365.30	三栏式
2221.05		应交堤防维护费		1 365.30	三栏式
2221.06		应交个人所得税		239.00	三栏式
2231	应付利息			11 875.00	三栏式
2231.01		长期借款利息		11 875.00	三栏式
2501	长期借款			1 500 000.00	三栏式
2501.01		招行		1 500 000.00	三栏式
2241	其他应付款			79 000.00	三栏式
2241.01		员工工服押金		79 000.00	三栏式
4001	实收资本			5 000 000.00	三栏式
4001.01		李虹		2 550 000.00	三栏式
4001.02		张莉		2 450 000.00	三栏式
4101	盈余公积			329 300.00	三栏式
4101.01		法定盈余公积		329 300.00	三栏式
4103	本年利润			1 347 831.29	三栏式
4104	利润分配			1 031 668.71	三栏式
4104.01		未分配利润		1 031 668.71	三栏式
5001	生产成本		55 146.30		多栏式
5101	制造费用				多栏式
6001	主营业务收入				多栏式
6051	其他业务收入				三栏式
6401	主营业务成本				三栏式
6501	其他业务成本				三栏式
6403	营业税金及附加				三栏式

(续表)

科目编码	总账科目	明细账科目	借方余额	贷方余额	明细账页格式
6601	销售费用				多栏式
6602	管理费用				多栏式
6603	财务费用				多栏式
6701	资产减值损失				三栏式
6711	营业外支出				三栏式
6801	所得税费用				三栏式
	合计		10 318 090.10	10 318 090.10	

二、原材料(主料)期初库存明细表

2017 年 12 月主材期初库存明细表

名称	编号	单位	供应商	期初结存数量	单价	期初金额
TC 面料	Z-17-01	米	柯桥布料	3020	34.80	105 096.00
里料	Z-17-02	米	汉口毛纺	4700	18.00	84 600.00
水洗布	Z-17-03	米	柯桥布料	1000	28.00	28 000.00
羊绒	Z-17-04	米	东湖羊毛	783	78.00	61 074.00
羽绒	Z-17-05	克	汉口毛纺	1500	58.00	87 000.00
合计						365 770.00

三、原材料(辅料)期初库存明细表

2017 年 12 月辅材期初库存明细表

名称	编号	单位	供应商	期初结存数量	单价	期初金额
拉链	F-17-01	条	大桥缝纫	13 550	1.50	20 325.00
纽扣	F-17-02	粒	琴台纽扣	11 800	1.10	12 980.00
洗水唛	F-17-03	个	大桥缝纫	14 625	0.10	1 462.50
商标	F-17-04	个	大桥缝纫	14 625	0.10	1 462.50
衣架	F-17-05	个	大桥缝纫	14 500	1.50	21 750.00
合计						57 980.00

四、周转材料期初库存明细表

2017 年 12 月周转材料期初库存明细表

名称	编号	单位	供应商	期初结存数量	单价	期初金额
包装袋	B-17-01	个	汉阳包装	2000	0.90	1 800.00
纸箱	B-17-02	个	汉阳包装	2000	6.00	12 000.00
封口胶	B-17-03	卷	汉阳包装	100	16.97	1 697.00
合计						15 497.00

五、库存商品期初数量金额明细表(分仓库)

2017 年 12 月库存商品期初数量金额明细表(分仓库)

仓库	品名	货号	期初数量	单位成本	期初金额
公司仓库	羽绒服	17-Y01	260	328.00	85 280.00
		17-Y02	249	200.00	49 800.00
	棉衣	17-M01	680	120.00	81 600.00
		17-M02	1080	180.00	194 400.00
	羊绒衫	17-R01	260	300.00	78 000.00
		17-R02	276	350.00	96 600.00
小计					585 680.00
专卖店	羽绒服	17-Y01	380	328.00	124 640.00
		17-Y02	338	200.00	67 600.00
	棉衣	17-M01	520	120.00	62 400.00
	棉衣	17-M02	301	180.00	54 180.00
	羊绒衫	17-R01	181	300.00	54 300.00
		17-R02	120	350.00	42 000.00
小计					405 120.00
群光广场	羽绒服	17-Y01	93	328.00	30 504.00
		17-Y02	104	200.00	20 800.00
	棉衣	17-M01	113	120.00	13 560.00
		17-M02	99	180.00	17 820.00
	羊绒衫	17-R01	45	300.00	13 500.00
		17-R02	35	350.00	12 250.00
小计					108 434.00
新世界	羽绒服	17-Y01	100	328.00	32 800.00
		17-Y02	108	200.00	21 600.00
	棉衣	17-M01	106	120.00	12 720.00
		17-M02	78	180.00	14 040.00
	羊绒衫	17-R01	56	300.00	16 800.00
		17-R02	58	350.00	20 300.00
小计					118 260.00
总计					1 217 494.00

六、在产品期初数量金额明细表

2017 年 12 月在产品期初数量金额明细表

品名	货号	数量/件	直接材料	直接人工	制造费用	合计
羽绒服	17-Y01	200	21 256.00	—	—	21 256.00
棉衣	17-M01	200	21 965.00	—	—	21 965.00
羊绒衫	17-R01	100	11 925.30	—	—	11 925.30
合计			55 146.30			55 146.30

七、固定资产明细表

2017 年 12 月固定资产期初明细表

序号	类别	原值	预计残值率	预计使用月数	折旧方法	月折旧额	已计提月数	已提折旧	使用部门
1	房屋	2 800 000.00	4%	360	平均年限法	7 466.00	15	111 990.00	行政 30%，生产 70%
2	生产设备	186 000.00	4%	96		1 860.00	20	37 200.00	生产车间
3	办公设备	58 500.00	4%	60		936.00	20	18 720.00	行政部
4	交通工具	85 500.00	4%	60		1 368.00	12	16 416.00	销售部
	合计	3 130 000.00				11 630.00		184 326.00	

八、企业 2017 年 11 月份会计报表

(一) 资产负债表

资产负债表

编制单位：武汉珞珈服饰有限责任公司　　　　　　　2017年11月30日

资　　　　产	期 末 余 额	年 初 余 额	负债及所有者权益	期 末 余 额	年 初 余 额
流动资产：			流动负债：		
货币资金	726 438.80	592 578.50	短期借款		
交易性金融资产	210 000.00	120 000.00	交易性金融负债		
应收票据	328 000.00	250 000.00	应付票据		
应收账款	1 158 410.00	1 270 489.07	应付账款	280 138.00	240 822.63
预付款项	7 800.00	87 510.00	预收款项	10 000.00	1 256.00
应收利息			应付职工薪酬	379 200.00	295 382.25
应收股利			应交税费	78 061.10	69 053.84
其他应收款	82 864.00	67 500.00	应付利息	11 875.00	1 860.00
存货	1 711 887.30	1 707 661.86	应付股利		
一年内到期的非流动资产			其他应付款	79 000.00	20 000.00
其他流动资产			一年内到期的非流动负债		
流动资产合计	4 225 400.10	4 095 739.43	其他流动负债		
			流动负债合计	838 274.10	628 374.72
非流动资产：			非流动负债：		
可供出售金融资产			长期借款	1 500 000.00	1 500 000.00
持有至到期投资			应付债券		
长期应收款			长期应付款		
长期股权投资			专项应付款		
投资性房地产	1 960 000.00	1 320 000.00	预计负债		
固定资产	2 945 674.00	3 073 604.00	递延所得税负债		
在建工程			其他非流动负债		
工程物资					

(续表)

固定资产清理			非流动负债合计	1 500 000.00	1 500 000.00
生产性生物资产			负债合计	2 338 274.10	2 128 374.72
油气资产					
无形资产	916 000.00		所有者权益(或股东权益):		
开发支出			实收资本(或股本)	5 000 000.00	5 000 000.00
商誉			资本公积		
长期待摊费用			减:库存股		
递延所得税资产			盈余公积	329 300.00	329 300.00
其他非流动资产			未分配利润	2 379 500.00	1 031 668.71
非流动资产合计	5 821 674.00	4 393 604.00	所有者权益合计	7 708 800.00	6 360 968.71
资产总计	10 047 074.10	8 489 343.43	负债和所有者权益总计	10 047 074.10	8 489 343.43

(二) 利润表

利 润 表

编制单位:武汉珞珈服饰有限责任公司　　2017 年 11 月　　单位:元

项　目	本期金额	本年累计金额
一、营业收入	1 683 789.50	11 757 993.72
减:营业成本	1 094 631.70	7 924 368.85
营业税金及附加	7 731.45	53 331.65
销售费用	225 666.20	1 496 653.90
管理费用	84 189.00	573 831.30
财务费用	18 430.00	51 785.00
资产减值损失	8 574.00	36 464.00
加:公允价值变动收益(损失以"一"号填列)		
投资收益(损失以"一"号填列)		
其中:对联营企业和合营企业的投资收益		
二、营业利润(亏损以"一"号填列)	244 567.15	1 621 559.02
加:营业外收入		3 150.84
减:营业外支出		27 340.00
其中:非流动资产处置损失		
三、利润总额(亏损总额以"一"号填列)	244 567.15	1 597 369.86
减:所得税费用	18 449.00	249 538.57
四、净利润(净亏损以"一"号填列)	226 118.15	1 347 831.29
五、每股收益:		
(一)基本每股收益		
(二)稀释每股收益		

(三) 现金流量表

现金流量表

编制单位：武汉珞珈服饰有限责任公司　　2017 年 1～11 月

项　目	金　额
一、经营活动产生的现金流量：	
销售商品、提供劳务收到的现金	8 839 622.47
收到的税费返还	
收到其他与经营活动有关的现金	10 524.61
经营活动现金流入小计	8 850 147.08
购买商品、接受劳务支付的现金	6 774 482.17
支付给职工以及为职工支付的现金	1 358 402.08
支付的各项税费	164 155.37
支付其他与经营活动有关的现金	228 957.16
经营活动现金流出小计	8 525 996.78
**　经营活动产生的现金流量净额**	324 150.30
二、投资活动产生的现金流量：	
收回投资收到的现金	
取得投资收益收到的现金	
处置固定资产、无形资产和其他长期资产收回的现金净额	300.00
处置子公司及其他营业单位收到的现金净额	
收到其他与投资活动有关的现金	
投资活动现金流入小计	300.00
购建固定资产、无形资产和其他长期资产支付的现金	187 800.00
投资支付的现金	
取得子公司及其他营业单位支付的现金净额	
支付其他与投资活动有关的现金	
投资活动现金流出小计	187 800.00
**　投资活动产生的现金流量净额**	−187 500.00
三、筹资活动产生的现金流量：	
吸收投资收到的现金	
其中：子公司吸收少数股东投资收到的现金	
取得借款收到的现金	—
收到其他与筹资活动有关的现金	
筹资活动现金流入小计	—
偿还债务支付的现金	—
分配股利、利润或偿付利息支付的现金	2 790.00
其中：子公司支付给少数股东的股利、利润	

（续表）

项　　　目	金　　　额
支付其他与筹资活动有关的现金	
筹资活动现金流出小计	2 790.00
筹资活动产生的现金流量净额	-2 790.00
四、汇率变动对现金及现金等价物的影响	
五、现金及现金等价物净增加额	133 860.30
加：期初现金及现金等价物余额	592 578.50
六、期末现金及现金等价物余额	726 438.80

九、企业 2017 年 12 月份经济业务摘要

(1) 12 月 1 日，冲销上月暂估入库原材料。

(2) 12 月 1 日，根据政府采购网站招标公告，购买某中学校服标书 500.00 元。

(3) 12 月 1 日，出纳方玉霞提取备用金 25 000.00 元。

(4) 12 月 2 日，采购员赵作义借支备用金 2 000.00 元。

(5) 12 月 2 日，网上银行转账支付投标保证金 50 000.00 元。

(6) 12 月 3 日，购买投标用样衣 5 套，价税合计 1170.00 元。

(7) 12 月 3 日，支付标书制作打印装订费 636.00 元。

(8) 12 月 3 日，从浙江柯桥布料购进原材料，取得增值税专用发票及交通运输业增值税专用发票，货到款未付。其中 TC 面料 2000 米，35.00 元/米；水洗布 3000 米，30.00 元/米；里料 1500 米，20.00 元/米；运费为 21 090.00 元，销售方代垫(运费按不含税价款分配)。要求：按经济业务单据信息填制入库单。

(9) 12 月 3 日，从武汉东湖羊毛厂购进原材料，取得增值税专用发票，货未到，款未付；其中，羽绒 2000 克，60.00 元/克；羊绒 1500 米，78.00 元/米，价税合计 277 290.00 元。

(10) 12 月 3 日，出纳办理银行本票 23 587.00 元。

(11) 12 月 4 日，从大桥缝纫购进辅助材料，其中，拉链 6000 条，1.50 元/条；洗水唛 10 000 个，0.10 元/个；商标 9000 个，0.10 元/个；衣架 8000 个，1.50 元/个。取得税务机关代开的增值税专用发票。价税合计为 23 587.00 元。用银行本票结算。

(12) 12 月 5 日，收中标通知书，中标某中学校服 8000 套，从福建石狮布料公司购买合同服装运动面料，20 000 米(蓝色 14 000 米、白色 4000 米、红色 2000 米)，15.00 元/米，货到款未付，现金折扣政策为 3/10, 2/20, N/30。

(13) 12 月 5 日，购买中标合同辅助材料，拉链 8000 条，0.75 元/条；校徽 8000 个，0.50 元/个；洗水唛 8000 个，0.10 元/个，松紧带 500 码，0.50 元/码；缝纫线 100 卷，2.00 元/卷，货到已网银转账付款。

(14) 12 月 5 日，委托黄石棉纺厂加工校服，发出主、辅材料。

(15) 12 月 5 日，3 日采购的原材料对方送货上门，已验收入库。

(16) 12 月 5 日，从汉阳包装购进周转材料，取得增值税专用发票。包装袋 1500 个，1.00 元/个；纸箱 1500 个，6.00 元/个；封口胶 80 卷，17.00 元/卷，价税合计 13 876.20 元，用转账支票结算。

(17) 12 月 5 日，销售部报销交通费 382.00 元。

(18) 12 月 6 日，采购员赵作义报销差旅费 1800.00 元，归还剩余借款 200.00 元。

(19) 12 月 7 日，支付晴川物业下一季度仓库租金及物业管理费 7500.00 元，收到增值税专用发票。

(20) 12 月 8 日，送货到新世界商场，成本价为 106 900.00 元，详见调拨单。

(21) 12 月 9 日，收到群光广场上月销售款。

(22) 12 月 10 日，申报缴纳上月各项税费。其中增值税 68 265.00 元，城建税 4778.55 元，教育费附加 2047.95 元，地方教育附加 1365.30 元，堤防维护费 165.30 元，代扣代缴个人所得税 239.00 元。

(23) 12 月 10 日，发放上月份工资。

(24) 12 月 10 日，缴纳社会保险(128 人)。

(25) 12 月 10 日，缴纳住房公积金(128 人)。

(26) 12 月 10 日，送货到群光广场，成本价为 113 340.00 元，详见调拨单。

(27) 12 月 10 日，送货到专卖店，成本价为 243 800.00 元，详见调拨单。

(28) 12 月 10 日，支付广告费 10 600.00 元。

(29) 12 月 10 日，收到群光广场销售单，开票结算。

(30) 12 月 11 日，支付光谷广场专卖店下一季度租金(每月 5800.00 元)。

(31) 12 月 13 日，业务员报销招待费。

(32) 12 月 15 日，购买纽扣 16 000 粒。其中含上月收到暂估入库的纽扣发票。

(33) 12 月 15 日，支付下年度车辆保险费及车船税(按权责发生制应计入下年度费用，简化核算视同企业当年费用)。

(34) 12 月 16 日，支付水费，2.35 元/吨，本月用水 3000 吨，各部门用量见分摊表。

(35) 12 月 16 日，支付电费，电价 0.58 元/度，本月用电 15 000 度，其中：一车间 3600 度，二车间 3800 度，三车间 3900 度；管理部门 2700 度，销售部门 1000 度。

(36) 12 月 17 日，支付各销售专卖通信费 1260.00 元，用现金支付(注意：信息技术服务 23.50 元，税率为 6%；增值电信服务 1503.00 元，税率为 6%；基础电信服务 536.00 元，税率为 11%)。

(37) 12 月 18 日，群光广场商业汇票到期收回货款 328 000.00 元存入银行。

(38) 12 月 20 日，支付黄石棉纺厂加工费，每套 30.00 元。

(39) 12 月 20 日，跟单员报销差旅费(注意，住宿发票可抵增值税 6%，火车票略)。

(40) 12 月 20 日，收回委托加工服装入库。

(41) 12 月 20 日，招行支付第四季度利息。

(42) 12 月 20 日，交付校服，收取销售款项(政府采购财政支付款单)，每套不含税价 158.00 元。

(43) 12 月 20 日，办理商标注册证。

(44) 12 月 20 日，股东会会议决议，以不低于 12.00 元/股的价格出售公司所持有的股票国创高新 20 000 股。

(45) 12 月 20 日，股东会会议决议，以每股不高于 3.50 的价格购入 TCL 股票 30 000 股，划分为可供出售金融资产，手续费计入成本。

(46) 12 月 21 日，收存款利息。

(47) 12 月 22 日，支付员工餐费补贴(330.00 元/人/月)。

(48) 12 月 23 日，向汉口北服装城销售羽绒服 02 款 99 件，其他各款式各 100 件，详见出库单，价税合计 358 490.34 元。

(49) 12 月 24 日，收取新世界货款，对方账扣圣诞节活动费 5000.00 元，取得增值税专用发票。

(50) 12 月 24 日，报销年会宣传物品。

(51) 12 月 24 日，召开客户年会及新产品发布会，支付会务费 30 000.00 元，取得增值税专用发票。

(52) 12 月 25 日，支付运动面料款，享受现金折扣。

(53) 12 月 25 日，收取长沙服联前欠货款 100 000.00 元。

(54) 12 月 26 日，收取新世界销售清单，开票结算。

(55) 12 月 27 日，报销车辆加油费用。

(56) 12 月 28 日，企业为管理部门用支票购新车，相关款项合计 15.80 万元。

(57) 12 月 28 日，在建厂房建成验收合格，按合同结算工程款 64.00 万元，收到增值税专用发票，按决算价扣 10%质保金，其余以支票结算 38.00 万元。

(58) 12 月 28 日，厂房验收合格，投入使用。

(59) 12 月 28 日，经股东大会决议，以货币资金对外投资 100.00 万元，在中华科技园设立龙泉信息咨询服务有限责任公司，由于地处高新技术开发区，能享受税收优惠政策，企业预期收益回报快，经可研性分析，决定成立全资子公司。

(60) 12 月 30 日，摊销无形资产 8333.00 元。

(61) 12 月 31 日，城管对门前卫生三包不达标罚款 200.00 元。

(62) 12 月 31 日，月末盘点，库存商品棉衣 17-M01 少一件(其成本中 60%为外购材料成本)。

(63) 12 月 31 日，汇总本月生产领用原材料。

(64) 12 月 31 日，汇总本月生产领用辅助材料。

(65) 12 月 31 日，汇总本月生产领用周转材料。

(66) 12 月 31 日，购买缝纫机油，现金支付。

(67) 12 月 31 日，计提本月工资。

(68) 12 月 31 日，计提年终奖。

(69) 12 月 31 日，发放年终奖并扣个税。

(70) 12 月 31 日，按工资总计的 2%、2.5%计提工会经费、职工教育经费。

(71) 12 月 31 日，分配五险一金及其他薪酬。

(72) 12 月 31 日，经领导批准盘亏存货由责任人王晓兰赔偿。

(73) 12 月 31 日，计提本月折旧。

(74) 12 月 31 日，摊销专卖店房租(每月 5800.00 元)。

(75) 12 月 31 日，摊销仓库房租、物业费(每月物业费 500.00 元按月交，房租 2000.00 元按季预付)。

(76) 12 月 31 日，汇总专卖店收入。

(77) 12 月 31 日，公司所持有的 TCL 股票公允价值为 115 500.00 元，确认公允价值变动，以及递延所得税。

(78) 12 月 31 日，电汇有关部门向地震灾区九寨沟捐赠现金 10 000.00 元。

(79) 12 月 31 日，账扣银行电汇手续费。

(80) 12 月 31 日，处理裁剪下来的边角余料，收现金 5000.00 元，开收据给对方，未开发票。

(81) 12 月 31 日，现金收入存银行，同时签发现金支票，取备用金 5000.00 元。

(82) 12 月 31 日，顺风快递结算本月物流费。

(83) 12 月 31 日，支付飞翔公司前期货款。

(84) 12 月 31 日，支付东湖羊毛厂前期货款。

(85) 12 月 31 日，申请银行汇票 296 390.00 元。

(86) 12 月 31 日，用银行汇票支付柯桥布料款。

(87) 12 月 31 日，支付汉口毛纺厂前欠货款。

(88) 12 月 31 日，按生产工人工资比例分配制造费用。

(89) 12 月 31 日，计算产品成本，完工入库。

(90) 12 月 31 日，按年末应收账款的 1%计提坏账准备。

(91) 12 月 31 日，结转本月销售成本。

(92) 12 月 31 日，结转增值税。

(93) 12 月 31 日，计提附加税。

(94) 12 月 31 日，结转收益。

(95) 12 月 31 日，结转成本费用。

(96) 12 月 31 日，确认所得税费用。

(97) 12 月 31 日，结转所得税费用。

(98) 12 月 31 日，结转本年利润。

(99) 12 月 31 日，计提盈余公积。

(100) 12 月 31 日，结转利润分配。

第三章

手工会计实训过程

第一节 期初建账

一、期初建账的特点与程序

（一）期初建账的特点

会计分期分为年度和中期，会计中期又分为半年度、季度和月度。期初建账就是从年初或当月开始设置账套核算记账。如果是持续经营，期初数就是上年末或上期末数；如果是新建企业，注册时间就是期初，期初数按企业实际情况登记。

新建企业在建账时应考虑的问题有：①与企业相适应。企业规模不同，业务量的大小与范围也会大不相同，建账时可根据企业经济业务核算需要设置账簿；②根据企业管理需要。企业会计核算的目的是为企业管理提供所需的会计信息，因此建账与设置账户时应考虑以满足管理需要为前提，避免重复或不合理。

（二）期初建账的程序

手工账需要准备账簿，设置会计科目，结转上年数据。在手工账环境下，企业建账又分为两种情况，一是新成立企业建账，二是已成立企业建账。如果是已成立企业建账，多半是以每年年初的建账为主，如果不是从年初建账，则从每一个会计期建账，会计人员应根据企业核算工作的需要设置相应的账簿。建账的基本程序如下。

(1) 按照需用的各种账簿的格式要求，预备各种账页，并将活页的账页用账夹装订成册。

(2) 在账簿的"启用表"上，写明单位名称、账簿名称、册数、编号、起止页数、启用日期以及记账人员和会计主管人员姓名，并加盖名章和单位公章。记账人员或会计主管人员在本年度调动工作时，应注明交接日期、接办人员和监交人员姓名，并由交接双方签名或盖章，以明确经济责任。

(3) 按照会计科目表的顺序、名称，在总账账页上建立总账账户；并根据总账账户明细核算的要求，在各个所属明细账户上建立二、三级明细账户。原有单位在年度开始建立各级账户的同时，应将上年账户余额结转过来。

(4) 启用订本式账簿，应从第一页起到最后一页止顺序编定号码，不得跳页、缺号；使用活页式账簿，应按账户顺序编本户页次号码。各账户编列号码后，应填"账户目录"，将账户名称页次登入目录内，并粘贴索引纸(账户标签)，写明账户名称，以利检索。

企业在年初建账时，需填制账簿的主要内容如下。

(1) 账簿启用表。

(2) 编制账户目录。

(3) 账页填写与企业刚成立一致，只是多一步登记期初余额。不必填制记账凭证，为了与前期衔接，直接将上年该账户的余额抄入新账户所开第一页的首行，也就是直接"过账"。

(4) 年月日：年份按实际填写，日期一般写"1月1日"。

(5) "摘要"栏内写上"上年结转"或"期初余额"或"年初余额"字样。

(6) 将上期或上年余额填在"余额"栏内。

(7) 余额方向的列示，即在余额列前要表明"借"或"贷"字。

(三) 企业应设置的账簿及种类

一般企业至少要设置4本账：日记账2本，明细账1本，总分类账1本，分别如下。

(1) 现金日记账。一般设置1本，但企业如有外币，应就不同的币种分设现金日记账。

(2) 银行存款日记账。一般应根据每个银行账号单独设立1本账。

(3) 现金日记账和银行存款日记账均应使用订本账。

(4) 总分类账。一般企业只设1本总分类账，使用订本账。

(5) 明细分类账。明细分类账要使用活页式账本。

企业不同的账户使用不同的账本，一般如表3-1所示。

表3-1　账户账本账页表

序号	账户名称	登记账本	账页形式
1	库存现金	现金日记账	订本式
2	银行存款	银行存款日记账	订本式
3	存货类	明细账	数量金额式
4	应交增值税	增值税明细账	借贷多栏式
5	收入类	明细账	三栏式或贷方多栏式
6	成本类	明细账	三栏式或借方多栏式
7	费用类	明细账	借方多栏式
8	固定资产	明细账	三栏式或卡片式
9	其他账户	明细账	活页式三栏账
10	全部账户	总账	订本式三栏账

(四) 年初建账应注意的几个方面

(1) 必须重新建账的账簿。总账、日记账和多数明细账应每年更换一次，即新的年度开始时都需要重新建账。

(2) 可以不重新建账的账簿。有些明细账也可以继续使用，如财产物资明细账和债权、债务明细账等，由于材料等财产物资的品种、规格繁多，债权债务单位也较多，如果更换新账，重抄一遍的工作量相当大，因此，可以跨年度使用，不必每年更换一次；固定资产卡片等卡片式账簿及各种备查账簿，也都可以跨年度连续使用。

(3) 建账时应结合自己单位所属行业及企业管理需要，依次按资产类、负债类、所有者权益类、成本类、损益类顺序来设置会计科目。

企业建账.mp4

二、日记账期初建账

日记账一般应由出纳人员负责登记，按照时间的先后顺序记录经济业务，以保持会计资料的完整性和连续性。

企业进行日记账的期初建账时，首先要确定其种类和数量。日记账通常又分为现金日记账与银行存款日记账，现金日记账是专门记录企业现金收付业务的日记账；银行存款日记账是用来记录企业银行存款收付业务的日记账，根据企业在不同银行开设账户的情况，分银行建立银行存款日记账并登记银行存款。

日记账账页采用三栏式。建账程序详见本章第一节"期初建账的程序"。

注意：

● 建账过程中检查日记账余额是否与总账余额相符。

● 日记账序时登记不能掉页，并且每年更换账簿，不得用银行对账单或者其他方法代替日记账。

库存现金日记账.pdf

实训练习

以本书第二章武汉珞珈服饰有限责任公司 2017 年 12 月份期初资料，完成现金日记账、银行存款日记账的期初建账业务。

三、明细账期初建账

明细账也称明细分类账，是根据总账科目所属的明细科目设置的，用于分类登记某一类经济业务事项，提供有关明细核算资料。明细账可采用订本式、活页式、三栏式、多栏式、数量金额式。各种明细账在实务中的应用如下。

1. 三栏式明细账

三栏式明细账适用于只需进行金额明细核算，而不需要进行数量核算的账户。例如，债权、债务等结算账户，其他只核算金额的账户也广泛采用。

三栏式明细账在建账时根据上年或上期的余额，在账页第一行"日期""摘要""借或贷""余额"栏中分别填写相应的文字或数据，对于明细账较多的单位，可在明细账户上贴"标签纸"，以便索引查阅账户。

2. 数量金额式明细账

数量金额式明细账在"收入""发出""结存"三大栏内分别设置"数量""单价""金额"三小栏，一般适用于既要进行金额核算又要进行实物数量核算的各项财产物资，例如，原材料、库存商品、周转材料等。

3. 多栏式明细账

多栏式明细账是根据管理需要，在一张账页内不仅按借、贷、余三部分设立金额栏，还要按明细科目在借方或贷方设立许多金额栏，以集中反映有关明细项目的核算资料，这种格式的明细账适用于"生产成本""制造费用""销售费用""管理费用""财务费用""主营业务收入(分产品的)""应交税费"等账户的明细核算。

4. 卡片式账簿

卡片账是以发散的卡片组成，放在卡片箱中可以随取随放的一种账簿，一般适用于固定资产明细账，它一般不需要每年更换。

明细账的期初建账程序详见本章第一节"期初建账的程序"，建账过程中注意检查明细账户余额合计与总账余额相符。

实训练习

以本书第二章武汉珞珈服饰有限责任公司 2017 年 12 月份期初资料，完成明细分类账的期初建账业务。

明细账.xls

四、总账期初建账

总账又称总分类账，根据一级科目余额登记，建账时先启用新账，根据企业管理需求设置总账账户，填写总账目录(也可建账后填写)，登记各账户期初余额，并试算平衡，与日记账、明细账核对余额。

总账采用订本式账簿，印刷时已事先在每页上印好了页码，在建账时应考虑预留页码，以满足经济业务记账所需。

总分类账.xls

实训练习

以本书第二章武汉珞珈服饰有限责任公司 2017 年 12 月份期初资料，完成总分类账的期初建账业务。

第二节 各岗位日常业务处理

企业业务类型与规模大小不同，其经济业务的内容和数量也不相同，内部会计机构的岗位设置与分工也会随之不同。在大中型企业，生产经营过程复杂，业务量大，会计机构设置相应大些，内部分工会更细，财务岗位设置就会更完善，每一岗位的工作职责、权限、工作内容应更明确。而在中小型企业，生产经营过程较简单，业务量相对较小，会计机构设置就会小一些，财会岗位的设置与人员配备也会少些，那么每一个岗位的工作内容就不会分得很细，可能一个岗位还要兼顾不同的工作。

但无论是大中型企业还是中小型企业，无论财务会计工作岗位如何设置，内部工作如何分配，都需要建立岗位责任制，同时贯彻落实内部控制制度，做到既相互配合又相互制约，以防止工作中的失误与管理漏洞。

为了更好地体现企业财务工作的流程，在本节下文中的财务各岗位典型业务处理操作流程表中，以数字序号标明业务的处理岗位及单据的流向顺序，方便实训学习与操作。

一、出纳

（一）日常工作

在企业日常财务工作中，出纳人员必须贯彻落实国家现金管理制度和财经纪律，负责办理现金收付和银行结算业务，登记现金日记账与银行存款日记账；每日终了，盘点库存现金，做到日清月结；保管现金及各类有价证券，签发各类票据，办理日常费用报销与工资发放；月末与会计及银行核对账户余额，做到账实相符，保证企业货币资金的完整与安全；编制资金报表、银行存款余额表，等等。在这些业务的处理中，需要具备一定的操作技能，且出纳与会计属不相容岗位，不能由一人兼任，企业出纳除登记日记账外，不得负责登记其他账簿。

出纳基本技能.mp4

（二）典型业务处理

（1）提取备用金业务处理，业务处理流程如表 3-2 所示。需要说明的是，各企业岗位设置不一，分工不同，相关工作可能由其他岗位完成，如法人章可能授权财务总监保管使用等。

表 3-2　提取备用金业务操作流程[1]

出纳	会计	会计主管	财务部经理	企业负责人	学习资源
1. 填写提现申请；3. 签发现金支票；8. 办理提现业务；9. 登记日记账	6. 复核提现申请、支票存根并编制记账凭证	7. 审核记账凭证	2. 审批提现申请；4. 复核现金支票并盖财务专用章	5. 审批现金支票并盖法人章	现金支票3.doc 现金支票的填写.mp4

（2）日常收款业务处理，业务处理流程如表 3-3 所示。

表 3-3　办理银行进账业务操作流程

出纳	会计	会计主管	财务部经理	企业负责人	学习资源
1. 审核收到的转账支票；2. 填写银行进账单；5. 办理银行进账；6. 收银行收账通知；9. 登记日记账	7. 复核单据并编制记账凭证	8. 审核记账凭证	3. 审核进账单并在转账支票背面盖财务专用章	4. 审批并在转账支票背面盖法人章	银行进账知识.mp4

---

1 表中的数字序号表示业务流程的顺序，后同。

(3) 办理银行本票业务处理，业务处理流程如表 3-4 所示。

表 3-4　办理银行本票付款业务流程

出纳	会计	会计主管	财务部经理	企业负责人	学习资源
1. 根据付款申请填写银行本票申请书；4. 办理银行本票；7. 登记日记账	5. 复核单据并编制记账凭证	6. 审核记账凭证	2. 审核银行本票申请书并盖财务专用章	3. 审批并盖法人章	结算知识.mp4

(4) 编制银行存款余额调节表，业务处理流程如表 3-5 所示。

表 3-5　编制银行存款余额调节表流程

出纳(或会计)	财务部经理	企业负责人	学习资源
1. 将银行对账单与日记账中都有登记的业务勾销；2. 检查未勾销的业务是记账错误还是未达账项；3. 对记账错误进行更正；4. 将未达账项分类记入银行存款余额调节表；5. 计算调节后的银行存款余额，检查余额是否正确；8. 将盖章后的调节表交开户银行	6. 审核并盖财务专用章	7. 审批并盖法人章	银行存款余额调节表.mp4

(三) 实训练习

完成本书第二章武汉珞珈服饰有限责任公司 2017 年 12 月份以下经济业务处理：3#、5#、10#、21#、23#、41#、46#、79#、81#、85#。

二、费用会计

(一) 日常工作

企业费用会计日常工作中，需要审核各项报销的费用单据，并进行正确的会计核算，对各项费用进行预算、分析、管控，对责任人或责任单位的费用进行考评，还需要登记费用明细账，出具企业内部费用报表及费用分析报告。

企业常见的费用主要包括办公费、电话费、交通费、差旅费、低值易耗品购置费、业务招待费、培训费、广告费等。企业各项期间费用通过"管理费用""销售费用""财务费用"等科目进行核算，根据企业费用类别与管理需要，各费用科目下设明细账，并用多栏式账页登记。费用会计在进行审核与核算时，应正确区别费用与成本、费用的归属期、费用的真实合法有效性，并按财经法规的要求，正确处理。

(二) 典型业务处理

企业日常费用报销与核算，处理流程如表 3-6 所示。

表 3-6 日常费用报销核算流程

报销部门	出纳	费用会计	会计主管	财务经理	企业负责人	学习资源
1. 报销人填写报销单，部门主管审核	5. 复核报销单并付款(或冲借支)；8. 登记日记账	2. 审核费用与发票；6. 编制记账凭证；9. 登记明细账	7. 审核记账凭证	3. 复核费用报销单	4. 审批费用	 日常费用报销核算.mp4 差旅费报销核算.mp4

(三) 实训练习

完成本书第二章武汉珞珈服饰有限责任公司 2017 年 12 月份以下经济业务的实训处理：2#、3#、17#、18#、28#、31#、36#、50#、51#、55#。

三、薪酬会计

(一) 日常工作

薪酬会计日常工作主要为职工核算各项工资薪酬，包括职工各项薪酬的审核、确认、分配、发放，薪酬明细账的登记，内部薪酬报表的编制等工作。

企业职工薪酬核算既是一项重要的基础工作，又是一项专业性较强的工作，在核算中既要遵守会计准则的规定，又要进行正确的核算，还要按照税法的规定，代扣代缴员工应承担的个人所得税，并遵守企业内部各项规章制度的规定。

企业职工薪酬通过"应付职工薪酬"科目核算，并按核算内容下设明细账，如"工资""职工福利费""社会保险""住房公积金""工会经费""职工教育经费"等，用三栏式或多栏式明细账页登记。应付职工薪酬，是指企业为获得职工提供的服务而应付给职工的各种形式的报酬以及其他相关支出，包含货币性薪酬与非货币性薪酬等。非货币性薪酬指企业以自己的产品或外购商品发放给职工作为福利，或企业提供给职工无偿使用自己拥有或租赁的资产等。一般企业的职工薪酬通常包括以下内容。

(1) 职工工资、奖金、津贴和补贴。

(2) 职工福利费。

(3) 医疗保险费、养老保险费、失业保险费、工伤保险费和生育保险费等社会保险费。

(4) 住房公积金。

(5) 工会经费和职工教育经费。

(6) 非货币性福利。

(7) 因解除与职工的劳动关系给予的补偿。

(8) 其他与获得职工提供的服务相关的支出等。

企业职工薪酬根据"受益原则"予以确认，哪个部门受益即计入哪个部门的成本或费用中，具体情况如下。

(1) 企业生产部门(提供劳务)人员的职工薪酬，借记"生产成本""制造费用"等科目，贷记"应付职工薪酬"。

(2) 应由在建工程负担的职工薪酬，借记"在建工程"科目，贷记"应付职工薪酬"科目。

(3) 管理部门人员的职工薪酬和因解除劳动关系而给予职工的补偿，借记"管理费用"科目，贷记"应付职工薪酬"。

(4) 销售人员的职工薪酬，借记"销售费用"科目，贷记"应付职工薪酬"。

提示：

根据"受益对象"进行确认，通常分两步核算，第一步计提或确认薪酬，第二步发放或支付薪酬。

(二) 典型业务处理

(1) 职工工资的核算，处理流程如表 3-7 所示。

表 3-7　职工工资业务核算流程

出纳	薪酬会计	会计主管	财务部经理	企业负责人	学习资源
4. 现金发放或委托银行发放工资；7. 登记日记账	1. 复核或编制工资表；5. 编制记账凭证；8. 登记明细账	6. 审核记账凭证	2. 审核工资表	3. 审批工资费用	职工薪酬核算.mp4

(2) 非货币薪酬核算，处理流程如表 3-8 所示。

表 3-8　非货币职工薪酬业务核算流程

出纳	薪酬会计	会计主管	财务部经理	企业负责人	学习资源
4. 支付非货币薪酬；7. 登记日记账	1. 编制职工薪酬分配表；5. 编制记账凭证；8. 登记明细账	6. 审核记账凭证	2. 审核非货币薪酬分配表	3. 审批非货币薪酬费用	非货币薪酬核算.mp4

(3) 五险一金核算，这里所说的"五险一金"，是指社会保险和住房公积金，社会保险又包括养老保险、医疗保险、失业保险、工伤保险、生育保险 5 个险种，与住房公积金一起简称"五险一金"。

需要注意的是，"五险一金"由企业与员工个人共同承担，其税务处理规定为，企业承担部分可在企业所得税前扣除，个人承担部分在个人所得税前扣除，其业务核算流程如表 3-9 所示。

表 3-9　五险一金业务核算流程

出纳	薪酬会计	会计主管	财务部经理	企业负责人	学习资源
4. 缴纳五险一金；7. 登记日记账	1. 编制五险一金分配表；5. 编制记账凭证；8. 登记明细账	6. 审核记账凭证	2. 审核五险一金分配表	3. 审批五险一金费用	五险一金核算.mp4

(三) 实训练习

完成本书第二章武汉珞珈服饰有限责任公司 2017 年 12 月份以下经济业务的实训处理：23#、24#、25#、47#、67#、68#、70#。

四、往来会计

(一) 日常工作

在企业日常经营活动中，往来会计主要负责与采购、销售有关的业务核算，往来款项的对账等管理，应付账款的审核，坏账准备的计提与核算，以及企业其他往来款项的核算，往来账务的登记，各项往来账明细表的编制，加强往来账务的管理，减少坏账，等等。

在企业采购业务活动中，一方面企业从供货单位购进各种材料物资，另一方面企业要支付材料的买价和各种采购费用，包括运输费、装卸费和入库前的整理挑选费用，并与供货单位结算货款。企业采购成本主要包括以下内容：买价、运杂费、运输途中的合理损耗、入库前的挑选整理费用、购入材料应负担的税金和其他费用。采购业务核算涉及的账户有：原材料、周转材料、库存商品、应交税费、银行存款、应付账款、预付账款、应付票据等，存货类账户一般采用数量金额式账页登记，往来类账户采用三栏式账页登记。

销售业务是企业经营活动中常见的业务，其会计核算量也很大。销售业务核算的主要内容有：确认销售收入，办理货款结算；支付销售过程中产生的各项费用；计算缴纳销售税费；结转已售商品成本。销售业务核算应设置的主要账户有：主营业务收入、主营业务成本、其他业务收入、其他业务成本、销售费用、税金及附加、预收账款、应收账款等。

(二) 典型业务处理

1. 采购业务的核算

企业日常采购业务，由于采购距离远近、货款结算方式的不同，会导致存货验收入库和货款结算并不是同步进行的，根据这些差异将采购业务分为 4 种类型，它们的核算各不相同。采购业务核算流程如表 3-10 所示。

(1) 单到货到。"单到"是指企业已收到采购业务相关发票、单据等；"货到"是指企业对采购的存货已验收入库，且有相关仓库管理人员签字确认的入库单等(下同)。单到货到就是指企业采购存货已验收入库，也已收到发票账单等相关票据。

(2) 单到货未到。是指企业采购的存货还在运输途中尚未到达企业，但企业已收到发票账单等相关票据。

(3) 货到单未到。是指企业采购的存货已验收入库，但发票账单等相关票据尚未收到，则应视情况分别处理，如果是在月初、月中，可暂时不做账务处理，待收到单据再核算；如果到了月末还没有收到单据，则应暂估入库，下月初再用红字凭证予以冲销，待收到结算单据时做正常账务处理。

(4) 预付货款。当企业所采购的物资比较紧俏时，通常会以预付货款的形式采购。

表 3-10　采购业务核算流程

采购部门	出纳	往来会计	会计主管	财务经理	企业负责人	学习资源
1. 采购员填采购付款单,部门审核	5. 办理付款;8. 登记日记账	2. 审核入库单与发票等; 6. 编制记账凭证; 9. 登记明细账	7. 审核记账凭证	3. 复核采购付款单	4. 审批采购付款	采购业务核算.mp4

2. 销售业务的核算

企业销售业务根据商品的市场供求情况、企业销售策略以及对不同客户的信用政策，会导致收款情况各不相同，主要有现款销售、赊销、预收货款、收到商业票据等不同情况。销售业务核算流程如表 3-11 所示。

表 3-11　销售业务核算流程

销售部门	出纳	往来会计	会计主管	财务经理	学习资源
1. 销售员开具销售单,部门审核	4. 办理收款; 7. 登记日记账	2. 审核销售单与开具发票等;5. 编制记账凭证; 8. 登记明细账	6. 审核记账凭证	3. 复核销售发票与收款情况	销售业务的核算.mp4

3. 坏账准备的核算

企业对应收账款的坏账损失核算有两种方法，一是直接转销法，二是备抵法。在直接转销法下，平时无须计提坏账准备，只在实际发生坏账时计入当期损益；在备抵法下则平时要计提坏账准备，发生坏账损失时冲坏账准备。由于直接转销法不符合权责发生制，一般企业大多采用备抵法。企业计提应收账款的坏账准备流程如表 3-12 所示。

(1) 坏账损失的确认。企业应收账款发生下列情况之一的，应当确认为坏账。

① 因债务人破产或死亡，以其破产财产或遗产偿还后，确实不能收回。

② 因债务单位撤销，资不抵债，确实不能收回。

③ 因发生严重自然灾害等导致债务单位在短时间内无法偿付债务，确实不能收回。

④ 因债务人逾期未履行偿债义务超过 3 年，经核实确实不能收回。

(2) 坏账准备的计提方法。坏账准备计提方法有以下几种：①销货百分比法；②余额百分比法；③账龄分析法；④个别认定法。

当期应计提的坏账准备金额可以按照以下公式计算：

当期应提取的坏账准备＝当期按应收账款一定比率计提的坏账准备金额

－"坏账准备"账户贷方余额

或：

当期应提取的坏账准备＝当期按应收账款一定比率计提的坏账准备金额

＋"坏账准备"账户借方余额

根据坏账准备账户原有余额的不同情况，当期计提会有"全提""补提""冲提""不提""增提"5种情况。

表 3-12　应收账款坏账准备的计提流程

往来会计	会计主管	财务部经理	财务总监	学习资源
1. 编制坏账准备计提表；4. 编制记账凭证；6. 登记明细账	5. 审核记账凭证	2. 审核坏账准备计提表	3. 审批坏账准备计提表	坏账损失核算.mp4

(三) 实训练习

完成本书第二章武汉珞珈服饰有限责任公司 2017 年 12 月份以下经济业务的处理：8#、9#、12#、13#、15#、16#、20#、26#、27#、29#、32#、37#、42#、48#、49#、52#、53#、54#、83#、84#、86#、87#。

五、成本会计

(一) 日常工作

成本会计日常工作主要为企业生产环节的各项业务处理，包括产品生产成本的核算，从各项材料的领用、工资及福利费的分配，各项间接费用的归集与分配，到完工产品成本与期末在产品的成本计算，登记成本明细账，编制成本报表，对各产品成本进行分析、控制等。

根据企业生产特点和管理要求不同，产品生产成本核算一般有 3 种基本方法：①品种法；②分批法；③分步法。成本项目分为直接材料、直接人工和制造费用等，成本核算一般应设置的账户主要有"生产成本""制造费用"等，这两个账户一般采用多栏式账页登记。

(二) 典型业务处理

1. 工业企业生产成本核算

产品成本核算的一般程序是指对企业在生产经营过程中发生的各项生产费用和期间费用，按照成本核算的要求，逐步进行归集和分配，最后计算出各种产品的生产成本和各项期间费用的过程。工业企业生产成本核算的一般程序如下。

(1) 确定成本核算对象。成本计算的最终目的是要将企业发生的成本费用归集到一定的成本核算对象上，因此首先必须确定成本计算对象。

(2) 确定成本项目。一般情况下，企业可根据自身的特点和管理的要求，确定直接材料、直接人工、制造费用 3 个成本项目。

(3) 设置成本和费用明细账。

(4) 审核、归集、分配生产费用。审核各项费用是否应该计入产品成本；归集生产费用；按成本计算对象进行分配。

(5) 计算完工产品成本和月末在产品成本，编制成本计算单。

基本生产成本核算.mp4

2. 制造费用的归集与分配

制造费用是指企业各生产单位为组织和管理生产而发生的各项间接费用，如车间管理人员的工资及其福利费、车间房屋建筑物和机器设备的折旧费、租赁费、机物料消费、水电费、办公费及停工损失、劳动保护费等。

这些间接费用是直接用于产品生产，但又不能直接计入产品的生产成本，因而在发生时，需要先通过"制造费用"科目归集，期末再按一定的标准分配计入各种产品的生产成本，期末结转后本账户一般无余额。制造费用一般按不同的车间、部门设置明细账，并按费用的经济用途设专栏。

合理分配制造费用的关键是要正确选择分配标准，常用的分配方法有：生产工时比例法、生产工人工资比例法、机器工时比例法、预算分配率法。制造费用的分配操作如表 3-13 所示。

表 3-13　制造费用的分配操作流程

成本会计	会计主管	财务部经理	学习资源
1. 编制制造费用分配表；3. 编制记账凭证；5. 登记明细账	4. 审核记账凭证	2. 审核制造费用分配表	制造费用的归集与分配.mp4

3. 约当产量比例法

约当产量比例法是将月末结存的在产品数量，按其完工程度折算为相当于完工产品的数量，即约当产量，然后按完工产品产量和月末在产品约当产量的比例，划分完工产品成本和月末在产品成本。在产品约当产量的确定时应分成本项目计算，不同成本项目的约当产量可能会不一样。

- 直接材料——按在产品所耗材料的投入程度折算约当产量。
- 直接人工——按在产品加工程度折算约当产量。
- 制造费用——按在产品加工程度折算约当产量。

约当产量法下，相关数据的计算公式如下(完工程度根据产品投料率、所耗工时占全部工时的比例等确定)：

月末在产品约当产量＝月末在产品数量×完工程度

$$分配率(单位成本) = \frac{月初在产品成本＋本月发生生产费用}{产成品产量＋月末在产品约当产量}$$

约当产量比例法.mp4

产成品成本＝分配率×产成品产量

月末在产品成本＝分配率×月末在产品约当产量

4. 完工产品与在产品的成本分配

月末，企业生产的产品不一定全部完工，为了确定完工产品的成本，需要将该产品所耗用的生产费用在完工产品与在产品之间进行分配，以便正确计算产品成本。产品成本核算操作流程如表 3-14 所示。

(1) 分配原理

月初在产品成本＋本月发生生产费用＝本月完工产品成本＋月末在产品成本

(2) 分配方法

企业应当根据在产品数量的多少、各月在产品数量变化的大小、各项成本比重的大小，以及定额管理基础的好坏等具体条件，采用适当的分配方法将生产成本在完工产品与在产品之间进行分配。常用的分配方法主要有：

① 不计算在产品成本法；

② 在产品按固定成本计价法；

③ 在产品按所耗直接材料成本计价法；

④ 约当产量比例法；

⑤ 在产品按定额成本计价法；

⑥ 定额比例法。

表 3-14　产品成本核算操作流程

成本会计	会计主管	财务部经理	学习资源
1. 编制产品成本计算表；3. 编制记账凭证；5. 登记明细账	4. 审核记账凭证	2. 审核成本计算表	完工产品与在产品的成品分配.mp4

(三) 实训练习

完成本书第二章武汉珞珈服饰有限责任公司 2017 年 12 月份以下经济业务的实训操作：14#、34#、35#、38#、39#、40#、63#、64#、65#、67#、68#、70#、71#、88#、89#。

六、税务会计

(一) 日常工作

企业日常生产经营活动会涉及各种税费，税务会计需要对这些税费进行正确的计算、核算，填制纳税申报表，办理纳税申报并缴纳相应的税款。企业常见的税种有：增值税、企业所得税、个人所得税以及其他常见小税种。

企业各项税费在"应交税费"科目下核算，本科目根据不同税种设置明细账户，如"应交增值税""应交城建税"等，一般纳税人企业在"应交增值税"明细账下设置专栏，采用多栏账页登记，其他税费可采用三栏式明细账页登记。

(二) 典型业务处理

1. 增值税核算与管理

增值税是对在我国境内销售货物或提供加工、修理修配劳务，销售服务、无形资产或不动产，以及进口货物的单位和个人，就其实现的增值额征收的一种商品劳务税。根据企业经营规模大小及会计核算是否健全，将增值税纳税人分为一般纳税人与小规模纳税人两类。

小规模纳税人应纳税额＝当期不含税销售额×征收率

一般纳税人应纳税额＝当期销项税额－当期进项税额

＋进项税额转出－已交税金－上期留抵

根据 2016 年 12 月 3 日，财会〔2016〕22 号文"财政部关于印发《增值税会计处理规定》的通知"，对全面"营改增"后增值税会计核算科目做了相关规定，如表 3-15 所示。

全面"营改增"后增值税会计核算.mp4

表 3-15 增值税会计科目明细表

一级科目	二级明细科目	"应交税费—应交增值税"下设三级明细科目	
		借方科目	贷方科目
应交税费	应交增值税	进项税额	销项税额
	未交增值税	销项税额抵减	出口退税
	预交增值税	已交税金	进项税额转出
	待抵扣进项税额	减免税款	转出多交增值税
	待认证进项税额	转出未交增值税	
	待转销项税额	出口抵减内销产品应纳税额	
	增值税留抵税额		
	简易计税		
	转让金融商品应交增值税		
	代扣代缴增值税		

实务中一般纳税人增值税实行的是税款抵扣制，即企业取得的增值税专用发票等扣税凭证，需要通过税务机关的认证，在认证相符后可以抵扣进项税额，相关操作如表 3-16 所示。

表 3-16 增值税纳税实务与申报流程

税务会计	会计主管	财务部经理	企业负责人	学习资源
1. 月底前认证发票，计算当期增值税应纳税额；4. 编制记账凭证；6. 登记明细账；7. 月初抄税；8. 网上申报	5. 审核记账凭证	2. 审核当期增值税计算表及申报资料	3. 审批增值税纳税申报资料	增值税及实务管理.mp4

(1) 认证：是税务机关通过防伪税控系统对专用发票所列数据的识别、确认。认证相符，是指纳税人识别号无误码，专用发票所列密文解译后与明文一致。

每个月月底前，财务人员将当月需要用的增值税专票抵扣联原件拿到税务机关认证，或在网上进行认证，只有认证相符的增值税专用发票，才能申报抵扣进项税额。

(2) 抄税：是将防伪税控系统中开票信息读入税控 IC 卡，并打印相关表格，抄送到主管税务机关，将相关信息读入税务局税收征管系统中。抄税时间为次月初，纳税申报之前。

(3) 报税：目前主要采用直接上门申报和网上申报两种申报方式。申报期限为次月 15 日前。申报资料：财务会计报表、申报表(主表)、附表一(本期销售情况明细)、附表二(本期进项税额明细)、附表三、附表四和固定资产进项税额抵扣情况表。

2. 企业所得税计算与调整事项

企业所得税是我国税收法律制度中重要的税种，在我国境内的企业和其他取得收入的组织均要缴纳企业所得税。在计算企业所得税的应纳税额时，既要考虑会计准则的要求，又要遵从税法的规定，两者都不可违背，所以掌握企业所得税常见事项的纳税调整非常重要。

(1) 企业所得税的计算

企业所得税＝应纳税所得额×适用税率

应纳税所得额是指纳税人每一个纳税年度的收入总额减去准予扣除项目金额后的余额，其计算公式有如下两种方法。

① 直接法

应纳税所得额＝收入总额－不征税收入－免税收入－各项扣除－以前年度亏损

② 间接法

应纳税所得额＝会计利润总额＋纳税调增项目－纳税调减项目

(2) 企业所得税税前常见扣除项目及扣除标准

① 工资、薪金支出。企业发生的合理的工资、薪金支出准予据实扣除。

② 与工资相关的三项经费。即职工福利费、工会经费、职工教育经费。

● 职工福利费：不超过工资薪金总额的 14%的部分准予扣除。

● 工会经费：不超过工资薪金总额的 2%的部分准予扣除。

● 职工教育经费：不超过工资薪金总额的 2.5%的部分准予扣除，超过部分准予结转以后年度扣除。

③ 业务招待费。企业发生的与生产经营活动有关的业务招待费支出，按照发生额的 60%扣除，但最高不超过当年销售收入的 5‰。

④ 广告费和业务宣传费。企业发生的符合条件的广告费和业务宣传费支出，除另有规定外，不超过当年销售收入 15%的部分，准予扣除；超过部分准予结转以后纳税年度扣除。

⑤ 公益性捐赠支出。不超过年度利润总额 12%的部分，准予扣除。公益性一是指公益性渠道，二是指公益性对象。

(三) 实训练习

完成本书第二章武汉珞珈服饰有限责任公司 2017 年 12 月份以下经济业务的实训操作：22#、69#、77#、92#、93#、97#。

企业所得税的计算与常见调整事项.mp4

七、财务主管

企业重要的财产物资的核算通常由财务主管负责，如固定资产、无形资产、金融资产、借款费用核算等。

(一) 固定资产核算

固定资产是企业长期资产的重要组成部分，一般单位价值较高、使用寿命较长、在使用过程中不改变实物的形态，包括建筑物、机器设备、运输工具等。

固定资产核算主要包括初始计量、后续计量以及期末处置等业务，一般应设置"固定资产""在建工程""累计折旧""固定资产清查""固定资产减值准备"等科目进行核算，用固定资产卡片账或三栏式账页登记。企业期末应对固定资产进行清查，并进行减值测试，根据测试结果计提相应的资产减值准备。

1. 固定资产的初始计量

固定资产应当按照成本进行初始计量。

固定资产的成本，是指企业购建某项固定资产达到预定可使用状态前所发生的一切合理、必要的支出。这些支出包括直接发生的价款、相关税费、运杂费、包装费和安装成本等，也包括间接发生的，如应承担的借款利息、外币借款折算差额以及应分摊的其他间接费用。

2. 固定资产折旧

应计折旧额是指应当计提折旧的固定资产的原价扣除其预计净残值后的金额，已计提减值准备的固定资产，还应当扣除已计提的固定资产减值准备的金额。

(1) 固定资产折旧范围

除以下情况外，企业应对所有固定资产计提折旧。

① 已提足折旧仍继续使用的固定资产。

② 按照规定单独计价作为固定资产入账的土地。

固定资产应当按月计提折旧，当月增加的固定资产，当月不计提折旧，从下月起计提折旧；当月减少的固定资产，当月仍计提折旧，从下月起停止计提折旧。

(2) 固定资产折旧方法

企业应根据与固定资产有关的经济利益的预期实现方式，合理选择固定资产的折旧方法。

可选用的折旧方法包括年限平均法、工作量法、双倍余额递减法和年数总和法等。固定资产的折旧方法一经确定，不得随意变更。

3. 固定资产的处置

固定资产的处置，包括固定资产的出售、转让、报废和毁损、对外投资、非货币性资产交换、债务重组等。固定资产处置一般通过"固定资产清理"科目核算。

企业出售、转让、报废固定资产或发生固定资产毁损，应当将处置收入扣除账面价值及相关税费后的金额计入当期损益。固定资产的账面价值是固定资产成本扣减累计折旧和累计减值准备后的金额。固定资产处置的会计核算流程如图 3-1 所示。

固定资产、其他长期资产及借款费用核算可通过视频课程学习，并完成本书第二章武汉珞珈服饰有限责任公司 2017 年 12 月份的相关业务，安排如表 3-17 所示。

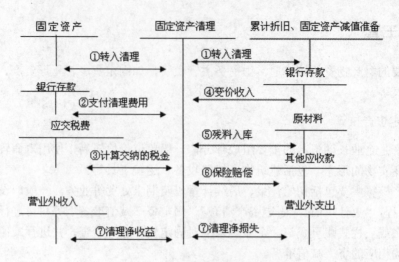

图 3-1　固定资产处置核算流程图

表 3-17　核算实训安排表

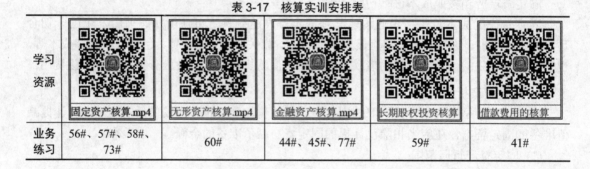

学习资源	固定资产核算.mp4	无形资产核算.mp4	金融资产核算.mp4	长期股权投资核算	借款费用的核算
业务练习	56#、57#、58#、73#	60#	44#、45#、77#	59#	41#

八、总账会计

企业总账会计在月末需要做好结账前的各项准备工作，计提与摊销跨期费用，完成财产物资的清查核算，核对账务，对错账查找原因并更正，结转损益，编制会计报表与期末结账等各项工作。

（一）结账及结账前的准备

结账是指在会计期末将各账户余额结清或结转到下期。通过结清与利润表相关的账户，可计算出本期的经营成果，将资产负债表相关的账户结转到下期，以结束本期的会计工作，为下一期的会计工作做好准备。

结账前要注意检查本期所发生的各类经济业务是否都已填制会计凭证并全部登记入账；本期应计提的折旧、摊销、税费是否已经全部计提，若有漏记应及时补记；是否做到了账证相符、账账相符、账实相符三相符。

（二）结账的步骤与会计分录

当上述准备工作全部完毕后，进行月末结转工作，将本期的损益类账户余额结转到"本年利润"账户，结转后各损益类账户期末无余额。具体按以下步骤进行月末结转工作。

(1) 将各收入类账户余额转入"本年利润"的贷方。

(2) 将费用类账户余额转入"本年利润"的借方。

(3) 根据以上两步操作后的情况,如需交纳所得税,确认当期所得税费用。

(4) 结转所得税费用。

按上述步骤进行结账处理后,从"本年利润"账户余额就可以很清楚地知道企业当期经营成果了。如"本年利润"账户为贷方余额,表示企业当期盈利;如为借方余额,表示企业当期亏损。

月末结转工作.mp4

企业应当设置"利润分配"账户,核算利润的分配,并在"利润分配"账户下设明细科目"提取法定盈余公积""提取任意盈余公积""应付现金股利或利润""未分配利润"等进行利润分配的明细核算。

年末将利润类账户"本年利润"转入所有者权益账户"利润分配——未分配利润"。

(三) 实训练习

完成教材第二章武汉珞珈服饰有限责任公司 2017 年 12 月份以下经济业务的实训操作:74#、75#、76#、80#、91#、94#、95#、97#、98#、99#、100#。

年末结转工作.mp4

九、财务经理

企业财务经理除做好日常财务管理工作外,还需要根据国家有关法律、法规的规定,制定符合企业管理需求的各项财务制度,建立健全内部会计、审计和内控制度,完善财务治理,对会计机构、会计人员实施有效管理,强化各项财务管理工作。

(一) 企业财务制度设计原则

设计企业各项财务制度,应遵守的原则主要包括:

(1) 合规性原则。国家各项财经政策、法律法规是制定企业财务制度必须遵守的基本规范,也是制定企业财务制度的重要依据;如《中华人民共和国会计法》《企业会计准则》《总会计师条例》《会计基础工作规范》《会计档案管理办法》等。

(2) 针对性与适应性原则。随着我国经济与国际接轨的发展趋势,我们在设计企业　财务制度时也应充分借鉴国际惯例,向国际惯例靠拢;但更应该立足国情,立足企业实际情况,切忌照搬照抄。在设计相关会计程序与方法、会计报告体系时,要注重适应性原则。

(3) 真实性原则。会计工作的基本目标就是提供满足管理需要的会计信息,提供高质量的会计信息也是会计制度设计的基本要求。制定财务制度时应考虑会计信息质量特征,注重体现真实性、相关性、一贯性、可比性。

(4) 内部控制原则。内部控制制度适用于企业的生产、经营各个环节以及货币资金、结算往来、实物资产等各个项目的管理。因此,在会计制度设计中,必须体现内部控制的要求,各环节都有相应的事先控制;同时,一旦某一处理环节有误,也有相应的补救措施予以纠正。

(5) 科学性原则。会计制度作为加强企业管理、保护财产安全的工具,在设计时一定要繁简适度,易于操作,既要全面具体,又要简洁明了。在设置核算报告及设计凭证、账簿、报表格式以及各类会计业务处理程序时，要做到繁而不乱，简而有用。

(二) 会计制度设计的方法

(1) 实地调查方法。实地观察、岗位访问、开座谈会、问卷测试、索要文档。

(2) 分析研究方法。文字说明法、表格法、流程图法。

(三) 企业财务制度设计的基本内容

1. 核算制度

财务核算制度主要是有关财务核算的基本原则、会计科目的设置与要求、财务和会计报告的格式与要求、会计政策选择与运用等规范。主要有：①会计制度总则(包括会计原则)；②会计记账方法；③会计科目及其使用说明；④会计凭证；⑤会计账簿和记账程序；⑥会计报表格式、报送程序和编制说明；⑦会计档案的保管和处理方法；⑧会计制度的修订、补充权限及其他有关规定；⑨成本核算规章；⑩会计事务处理办法。

2. 监督制度

财务监督制度主要包括会计机构和会计人员对本单位的会计凭证、会计账簿、财务会计报告、实物与款项、财务收支及其他会计事项的监督。

3. 管理制度

管理制度主要包括人与事的管理，如各项实物资产管理、财务各岗位工作职责与任职要求，各项财务工作制度、成本管理制度、内部报销流程、差旅费报销制度、预算制度、投融资制度等。

财务制度设计.mp4

(四) 实训练习

结合武汉珞珈服饰有限责任公司的实际情况，完善其各项财务制度。

十、财务总监

财务总监应做好企业财务战略规划的制定与实施，组织协调企业各项财务资源与业务规划的匹配运作，负责现金流量管理，营运资本管理及资本预算，企业分立或合并相关财务事宜，企业投、融资管理，企业资本变动管理，企业经营计划、预算的编制、执行与控制，对企业财务情况进行分析，对企业数据进行加工、整理和出具有价值的财务分析报告，为决策提供参考。

财务分析报告，是以财务报表和其他资料为依据，对企业过去和现在的经营成果、财务状况及其变动的总结。通过财务分析报告可以了解企业过去的业绩，评价企业现在的表现，预测企业未来的发展趋势，针对经营管理中存在的问题与不足提出改善建议，有助于经营管理者完善管理，提高企业盈利水平，实现企业的可持续发展。

报务分析报告根据不同的分类方法有不同的类别。

(一) 财务分析报告按其内容、范围分类

财务分析报告按其内容、范围可分为：①综合分析报告；②专题分析报告；③简要分析报告。

(二) 财务分析报告按其分析的时间分类

财务分析报告按其分析的时间分为：①定期分析报告；②不定期财务分析报告。

(三) 财务分析报告的内容

财务分析报告的内容包括：①提要段；②说明段；③分析段；④评价段；⑤建议段。

财务分析.mp4

(四) 实训练习

根据武汉珞珈服饰有限责任公司 2017 年 12 月份的数据，试分析企业各项财务指标，并提出合理建议。

第三节　期末处理

每个会计期末，财务人员将当期经济业务处理完毕后，还要完成会计期末处理，主要包括期末结账前的各项转账、对账、结账，编制试算平衡表以及会计报表等工作。

一、编制试算平衡表

所谓试算平衡，就是根据借贷记账法的"有借必有贷，借贷必相等"的平衡原理，检查和验证账户记录正确性的一种方法。在试算平衡的基础上，企业可以结计本期利润，编制会计报表，编制步骤如下。

(1) 期末把全部账户应记录的经济业务登记入账，并计算出每个账户本期借方发生额、贷方发生额和期末余额。

(2) 编制总分类账户本期发生额及余额表。

应当指出，试算平衡表并不意味着日常账户记录完全正确，因为有些账户记录的错误很难从试算平衡表中发现。这些错误包括：

(1) 借贷双方发生同等金额的记录错误。

(2) 全部漏记或重复记录同一项经济业务。

(3) 账户记录发生借贷方向错误。

(4) 用错有关账户名称。

这些错误需要其他方法进行查找。

试算平衡表.xls

实训练习

编制武汉珞珈服饰有限责任公司 2017 年 12 月份的试算平衡表。

二、对账、结账

(一) 对账

对账是指核对账目，即对账簿和账户所记录的有关数据加以检查和核对，从而保证会计记录真实可靠、正确无误。会计人员要按照各种账簿记录情况的不同，分别进行经常和定期的对账。核对账目是保证账簿记录正确性的一项重要工作，对账的内容一般包括账证核对、账账核对和账实核对。

(二) 结账

结账是在把一定时期内发生的全部经济业务登记入账的基础上，计算并记录本期发生额和期末余额。结账分月度结账(月结)、季度结账(季结)和年度结账(年结)3 种。结账工作通常包括以下两项内容：①结转收入、费用类账户。对于收入和费用两类账户，会计期末应将其余额结平，据以计算确定本期的利润或亏损，将经营成果在账面上提示出来，为编制利润表提供有关的依据。②结算资产、负债和所有者权益类账户。对于资产、负债和所有者权益三类账户，会计期末应分别结出其总分类账和明细分类账的本期发生额及期末余额，并将期末余额结转为期初余额，为编制资产负债表提供有关的依据。

错账查找与更正

(三) 实训练习

检查武汉珞珈服饰有限责任公司 2017 年 12 月份的所有账户是否登记完毕，账户余额是否相符，检查无误后对各账户进行年末结账。

三、编制会计报表

企业每个会计期间都需要编制会计报表，会计报表反映企业财务状况、经营成果和现金流量。资产负债表又称财务状况表，是反映企业某一特定日期(如月末、季末、年末等)的资产、负债、所有者权益的会计报表。利润表反映企业在一定会计期间(关键点)的经营成果，即利润或亏损的情况，表明企业运用所拥有的资产的获利能力。现金流量表，是反映企业在一定会计期间现金和现金等价物流入和流出的报表。有关报表的知识及编制方法请参阅视频课程。

会计报表的编制
1.mp4

会计报表的编制
2.mp4

实训练习

根据武汉珞珈服饰有限责任公司 2017 年 12 月份的数据，编制现金流量表台账及会计报表。

第四章

从手工到电算化实训

第一节　概述

一、"部门级"应用及特点

会计核算历经了从手工操作到电子计算机环境两个阶段，其中手工会计信息系统经历了漫长的发展，形成了较为完整的理论体系。到 20 世纪 70 年代，随着计算机的普及，财务部门越来越多的会计事务使用计算机处理。当财务部门内的计算机应用达到一定程度时，人们开始考虑将财务部门内的各个计算机应用进行集成，以实现数据共享。这也就是会计信息系统的"部门级"应用，即财务部门独立应用会计信息系统。

这个阶段的会计信息系统的主要功能是实现会计核算的自动化和会计报表的自动生成，并在此基础上为管理者提供财务信息，辅助决策。其主要特点如下。

(1) 财务部门内各子系统有机地结合在一起，实现了彼此间的信息传递、共享和部门内的信息集成，从而形成整体的会计信息系统。

(2) 会计信息系统打破了传统手工操作的一些模式，在实现信息共享的基础上重视会计数据的综合加工、分析和深层次的应用。

(3) 会计信息系统功能较为完备，包括账务处理、应收应付、固定资产、工资核算、成本核算等多个子系统。

(4) 会计信息系统是企业财务部门专用的信息系统，它独立于企业其他部门的信息系统，形成了财务部门的"信息孤岛"，但由于依赖业务部门提供数据，因此只能提供事后的财务信息。

二、实训的目的和意义

(一) 实训目的

理解部门级应用的作用及特点，掌握部门级应用的主要内容及操作方法，包括系统管理、账套管理、人员权限设置、操作流程。熟练运用财务软件实现部门级应用实训。

(二) 实训意义

会计综合实训从手工到部门级应用，实现了财务部门内的数据实时共享，保证会计核算的一致性、连续性，减少会计核算中的计算错误，多用户操作高效地实现核算的自动化和会计报表的自动生成，为决策提供及时信息。学员通过部门级应用实训可以体验到企业财务工作的真实情景，增强岗位责任意识和团队协作精神等。

三、实训要求

实训过程中要求真实模拟企业不同的财务岗位进行操作，每五人为一组，分别以出纳、制单会计、稽核、主管、财务总监的身份按各岗位不同的权限进行实训操作，共同完成一个企业全套会计业务处理。实训中可根据模拟企业实际情况的不同进行相应的调整。

四、实训环境与准备

(一) 实训环境

部门级应用实训需要在计算机中心进行，通过财务软件真实模拟企业财务部的工作环境，各岗位操作实时共享数据，需要在服务器上新建共享账套，在共享数据库模式环境下进行实训。

同时，由于实训数据是保存在服务器上的，能够保证实训数据的连续安全，在整个实训过程中，无须将实训数据导出到移动存储系统上。

(二) 实训准备

在实训前，需要做好系统上线的准备工作，如下。

(1) 实训软件已选择并安装(本书以金蝶 K/3 财务软件为例)。

(2) 实训的基础数据资料准备，即模拟企业的财务数据(可以共用手工会计实训的资料)。

(3) 实训企业内部管理、核算制度。

(4) 在服务器上新建账套。

(5) 对实训人员分工及权限设置，如果每次实训人数较多，需事前做好分组及分工、人员信息录入、权限设置等工作。

(6) 实训时间：约 8～12 课时。

会计电算化.mp4

第二节　系统管理

一、系统管理功能

系统管理是会计信息系统的一个重要组成部分，主要功能是对上机操作的人员和权限进行管理，对信息系统的会计数据库或企业数据库进行管理，保障系统的安全运行，以及保障数据的安全。系统管理模块的使用对象为信息系统管理员(如金蝶财务软件中默认的系统管理员 admin)。

二、账套管理

账套是一个独立核算的单位或会计核算主体建立的一套账的数据集合。一套财务软件或管理软件可以为一个企业或多个核算主体建多套账，账套号是唯一区别。

账套管理主要包括账套的新建、修改、删除；数据的备份和恢复；等等。在共享数据库模式下，新建账套等操作需在服务器上完成。

三、用户及权限管理

财务部不同岗位的分工与权限体现了企业内部控制的要求，在部门级财务软件的应用中，对上机人员进行注册与通过保密口令登录管理，以及按岗位进行分工与操作权限的设置，既保障了数据的安全性，也实现了不同岗位各负其责、相互牵制的目的。

用户及权限管理主要包括新增用户组及用户、修改、删除；密码管理；用户权限设置；等等。在电算化处理中，出纳岗位权限设置只涉及与现金和银行相关的部分处理权限，包括出纳签字、日记账对账、查看相关账户等。

四、实训操作流程

部门级实训操作流程如下。

(1) 以系统管理员 admin 身份登录进入系统管理(在服务器上操作)。

(2) 新建账套并设置账套参数(在服务器上操作)。

(3) 增加用户并设置用户操作权限。

(4) 设置基础信息，建立基础档案。

(5) 进行初始化设置，录入期初余额。

(6) 试算平衡，结束初始化。

(7) 日常业务处理。

(8) 期末处理。

(9) 根据需要随时备份数据。

五、系统管理实训

(一) 实训目的

理解系统管理在整个系统中的作用及重要性，掌握系统管理的主要操作。

(二) 实训内容

(1) 注册系统管理(在服务器上操作)。

(2) 新建账套(在服务器上操作)。

(3) 增加操作员。

(4) 设置操作员权限。

(5) 账套备份与恢复。

(三) 实训案例资料

1. 账套信息

机构代码：001

机构名称：武汉珞珈

账套号：001.20171401

账套名：武汉珞珈服饰有限责任公司

账套类型：标准供应链解决方案

数据实体：系统自动生成

数据库文件路径：默认即可

注意：

- 本系统管理实训是在服务器上由系统管理员新建账套，这是不同于其他实训的关键地方。
- 本课程实训是共享数据库模式，小组成员共同操作一个账套，对于同一个授课班级如果有多个分组，或者一个教师指导多个班级，实训时可以在机构代码信息中加授课老师或年级等信息予以区分；在账套号中以"年级+班级+小组顺序号"加以区分，如"201401001"表示2014级会计01班第001组，便于实训人数小组较多时，各组成员能迅速准确地进入自己的账套实训。

2. 账套参数

机构名称：武汉珞珈服饰有限责任公司

地址：武汉市武昌区珞珈山路18号　　　电话：027-87652888

记账本位币：人民币(RMB)　　　　　　勾选"凭证过账前必须审核"

账套启用期间：2017年12月1日　　　　会计科目编码采用"4-2-2-2"方案

注意：

账套启用会计期间一定要设置好，后期无法修改，系统默认从1月开始启用，一旦此处未设置好，则需要重新建账套。

3. 用户及权限(见表4-1)

表4-1　用户及权限详细资料

用户姓名	认证方式	用户组	权限
胡凤霞	密码认证	系统管理员组	全权限
钱静	密码认证	财务组	除出纳签字外权限
龚金艳	密码认证	财务组	稽核，除出纳及凭证
王燕	密码认证	财务组	制单，凭证处理
方玉霞	密码认证	财务组	出纳凭证及出纳签字

注意:

● 在操作时,也可用学生学号作为用户名进行设置。

● 实训中为了方便可不设密码,但在实务工作中,为了明确责任,每一个操作员必须设置密码。

(四) 实训步骤(以金蝶 K/3 为例介绍详细操作步骤)

1. 注册账套管理

操作流程:在服务器上,单击"开始"|"程序"|"K/3 中间层"|"账套管理"选项,或直接单击桌面上的"账套管理"图标,如图 4-1 所示,启动账套管理,进入"账套管理登录"界面,如图 4-2 所示。

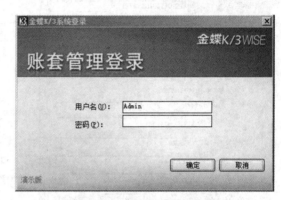

图 4-1 "账套管理"快捷图标　　　　图 4-2 "账套管理登录"界面

设置用户名为 Admin,密码为空,单击"确定"按钮,进入"金蝶 K/3 账套管理"界面。

注意:

账套号、账套名不能重复但可修改,账套类型不可更改。

2. 增加组织机构

增加组织机构的目的是方便对各种账套进行分类管理,因为一个系统中可能存在多个企业账套。在"金蝶 K/3 账套管理"对话框中,单击"组织机构"按钮,在对话框中选择"添加机构"选项,进入"添加机构"操作界面,如图 4-3 所示,输入机构代码和机构名称,单击"确定"按钮即可。

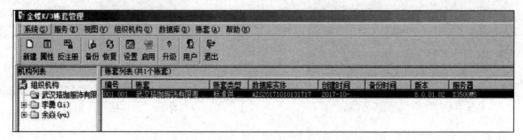

图 4-3 添加机构

3. 新建账套

在"金蝶 K/3 账套管理"对话框中,单击"新建"按钮,阅读弹出的信息内容后,单击

"确定"按钮，即可进入"新建账套"界面，如图 4-4 所示，依次输入资料信息，系统账号选择"SOL Server 身份验证"，需输入系统口令，如果没有特别设置，默认口令通常为 sa 或 123。信息输入完毕，单击"确定"按钮即可，在账套列表中即可看到账套信息。

双击账套列表中新建的账套，按照资料信息分别完成"系统""总账""会计期间"的设置，完成后单击"确定"按钮，系统会提示"是否启用账套"，单击"是"按钮即可，如图 4-5～图 4-7 所示。

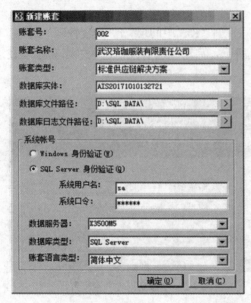

图 4-4　新建账套

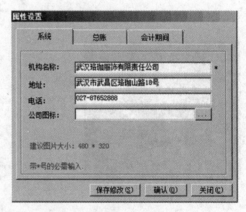

图 4-5　设置"系统"信息

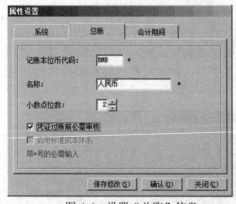

图 4-6　设置"总账"信息

图 4-7　设置"会计期间"信息

注意：

● 在设置"会计期间"时，应仔细检查是否与资料中的期间一致，即 2017 年 12 月，期间不对，启用账套后无法修改。

● 账套启用后，后续操作可以不在服务器上操作，而在客户端操作了。

4. 添加用户组与用户，设置用户权限

(1) 添加用户组。企业财务人员发生新增或岗位变化时，一般由企业财务负责人或其授权操作员，在财务软件系统中添加用户，并设置用户权限。具体操作为：在"金蝶 K/3 账套管理"对话框中，单击"用户"按钮，进入"用户管理"界面，单击"新建用户组"按钮，按资料信息，完成用户组的添加，如图 4-8 所示。

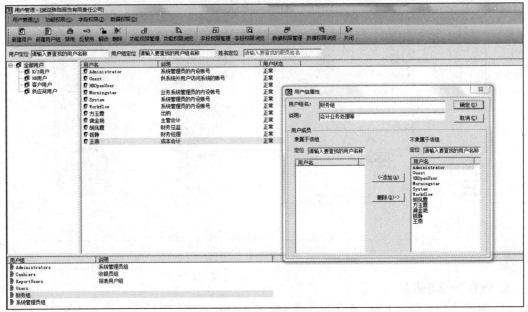

图 4-8　新建用户组

(2) 添加用户。在"用户管理"界面，单击"新建用户"按钮，按资料信息完成用户的添加。注意在用户组界面，将所属用户组从右侧拖移至左侧，如图 4-9 所示。

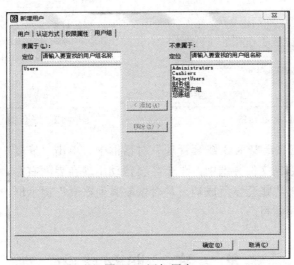

图 4-9　添加用户

(3) 用户权限设置。由于系统管理员拥有全部权限，所以只需对财务组用户进行权限设置。在"用户管理"界面的"用户组"列表中，单击"财务组"，再单击"功能权限"或直

接右击"财务组",弹出"用户管理_权限管理[财务组]"界面,如图4-10所示,按资料将对应的权限进行设置。

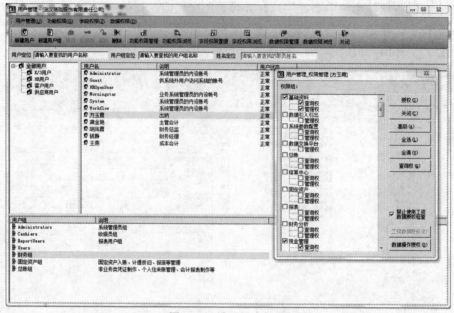

图4-10　设置用户权限

5. 账套备份与恢复

(1) 账套备份。以 Admin 身份进入"金蝶 K/3 账套管理"对话框,单击"备份"按钮,弹出"账套备份"对话框,如图4-11所示。选择备份路径,单击"确定"按钮,备份完成后弹出备份完成提示框,生成两个文件,如图4-12所示。

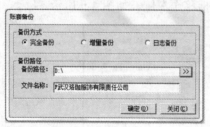

图4-11　账套备份

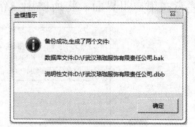

图4-12　账套备份成功提示框

(2) 账套恢复。在"金蝶 K/3 账套管理"对话框中,单击"恢复"按钮,在对话框的左侧找到要恢复的账套数据文件并选中,账套名会自动出现在界面右侧,但需输入账套号,单击"确定"按钮,弹出"账套恢复成功,是否恢复其他账套"提示框,如没有其他账套需要恢复,单击"否"按钮即可。

第三节　期初建账

在完成上述实训准备及系统管理操作后,要进行期初建账操作,即系统初始化。各操作小组按事前的角色分工，共同合作完成期初建账的操作，这个应用是在共享数据库模式下由小组成员共同完成的，区别于单机模拟操作实训。

(1) 账务总监：设置系统参数，结束初始化。

(2) 财务经理：合理选择快捷操作选项及模式凭证等设置，提高实训效率，检查后启用总账。

(3) 主管会计：设置币别、凭证字、计量单位、结算方式，并审核其他财务组成员录入的正确性。

(4) 出纳：设置现金银行相关科目及数据。

(5) 制单会计：设置除现金银行外的会计科目(含二、三级明细科目)，并进行初始数据录入，试算平衡。

注意：

由于在共享服务器模式下操作，每一次实训登录前，都需要启动"远程组件配置工具"，如图 4-13 所示；测试中间层服务器，单击"确定"按钮，如图 4-14 所示，等待一会，待全部程序完成，再单击金蝶 K/3 WISE 平台桌面快捷图标，进行后续实训操作。

图 4-13 远程组件桌面快捷图标

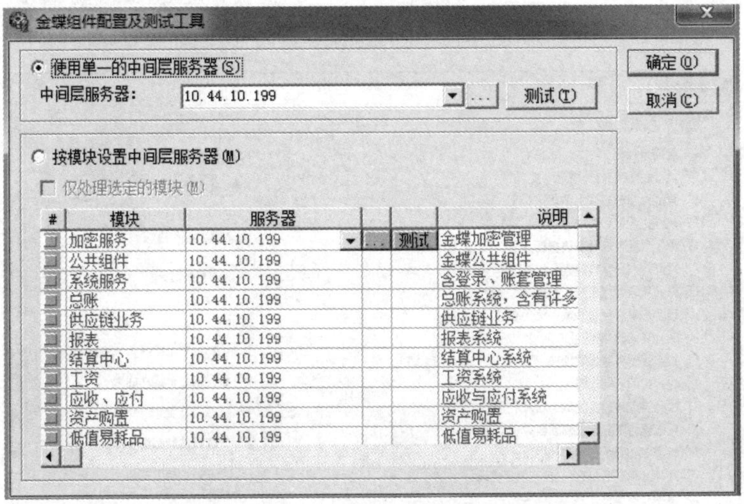

图 4-14 启用中间层服务器测试

一、系统参数设置

单击桌面"金蝶 K/3 WISE"图标，以"胡凤霞"身份登录，单击"开始"→"程序"→"K/3 中间层"→"K/3 主控台"→"进入账套"→"系统设置"→"总账系统"→"系统参数"选项，弹出"系统参数"界面，选择"总账"选项卡的"基本信息"选项，在"本年利润科目"后的方框中输入科目代码"4103"，在"利润分配科目"后的方框中输入科目代码"4104"，亦可单击后面的"书本"图标按钮进行选择，如图 4-15 所示。按资料要求，在"总账"选项卡的"凭证"选项下勾选"凭证过账前必需审核""新增凭证自动填补断号"等选项前的复选框，如图 4-16 所示。

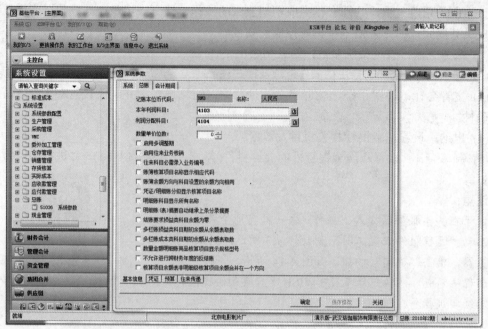

图 4-15 总账系统参数设置

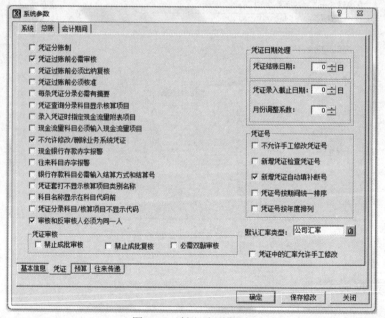

图 4-16 凭证选项设置

二、会计科目设置

单击桌面"金蝶 K/3 WISE"图标,选择当前账套为"武汉珞珈服饰有限责任公司",以"王燕"身份登录,输入密码或为空,单击"确定"按钮,进入"K/3 主控台"→"系统设置"→"基础资料"→"公共资料"→"科目"→"文件"→"从模板引入科目",弹出"科目模板"对话框,在"行业"下拉列表框中选择"新会计准则科目",单击"引入"按钮即可,如图 4-17 所示。

在"引入科目"界面，单击"全选"按钮，再单击"确定"按钮即可，如图4-18所示。

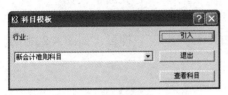

图4-17　科目模板

图4-18　引入会计科目

注意：

本处指定一人操作，一套账只需引入一套会计科目，多引无法删除，引起不必要的操作麻烦。

从模板中引入的会计科目，只有一级科目，需要根据期初余额表资料(本书第二章第三节)增加相关科目的二、三级明细科目，以"银行存款"科目为例，需要增加两个二级明细科目，即"银行存款—工商银行""银行存款—招商银行"，在"会计科目"界面，单击"新增"按钮，在弹出的"会计科目—新增"对话框中输入科目代码和科目名称，单击"保存"按钮即可，如图4-19所示。

注意：

武汉珞珈服饰有限责任公司会计科目代码采用"4-2-2-2"的编码方案，增加二、三级明细科目时，科目代码前需要先写一级科目代码，中间用实点区分科目级次，再顺序编写明细科目代码，以便明细科目的数据能汇集到上一级科目中。如"银行存款—工商银行"科目代码为"1002.01"，"1002"为银行存款一级科目代码，"01"为工商银行二级明细科目代码。

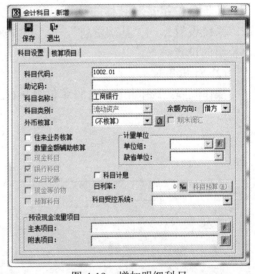

图4-19　增加明细科目

三、币别设置

以"龚金艳"身份登录，操作流程：K/3主控台→进入相应账套→单击"系统设置"→"基础资料"→"公共资料"→"币别"→"新增"选项，进行币别设置。

注意：

● 一般不对记账本位币进行修改。

● 增加外币，输入汇率时，应切换到英文标点状态，汇率信息不能出错，否则需要禁用再重新输入。

四、凭证字设置

以"龚金艳"身份登录，操作流程：K/3 主控台→进入相应账套→单击"系统设置"→"基础资料"→"公共资料"→"凭证字"→"新增"选项，进行凭证字设置。

如果企业统一用"记"账凭证，不用"收、付、转"字凭证，为了避免误操作引起不必要的麻烦，可将"收、付、转"凭证字删除，增加凭证字"记"，即可，如图 4-20 所示。

注意：

若凭证字已有业务发生则不能删除。

五、计量单位设置

以"龚金艳"身份登录，进行如下操作。

(1) 计量单位组

计量单位组是对具体的计量单位进行分类。操作流程：K/3 主控台→进入相应账套→单击"系统设置"→"基础资料"→"公共资料"→"计量单位"→"新增"选项，进行计量单位组的设置。

(2) 计量单位

操作流程：选中相应的计量单位组→右击鼠标→新增计量单位，如图 4-21 所示。

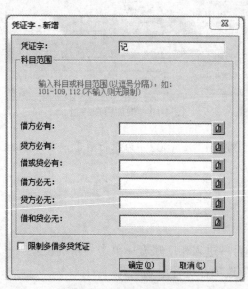

图 4-20　设置凭证字

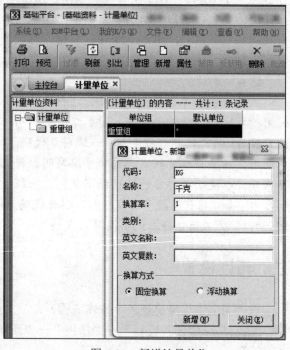

图 4-21　新增计量单位

注意：

● 代码、名称不能重复。

● 一个计量单位组下只有一个默认的基本计量单位。

六、结算方式设置

以"龚金艳"身份登录，操作流程：
K/3 主控台→进入相应账套→单击"系统
设置"→"基础资料"→"公共资料"→
"结算方式"→"新增"选项，设置结算
方式，如图 4-22 所示。

注意：

结算方式一般有现金、电汇、信汇、
商业汇票、银行汇票、银行本票、支票等。

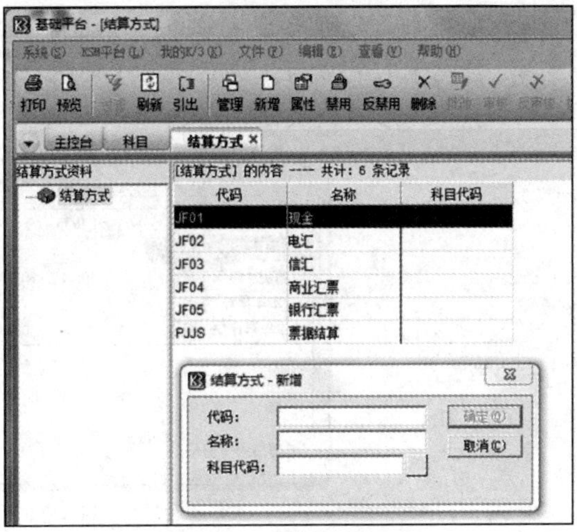

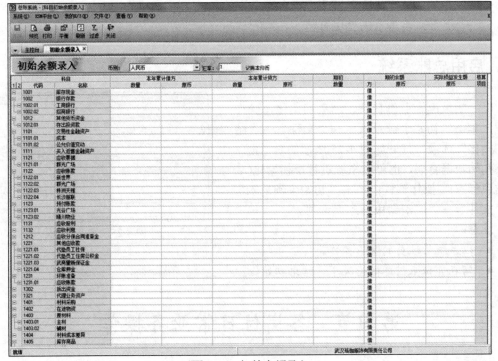

图 4-22 新增结算方式

七、企业期初数据录入及试算平衡

以"王燕"身份登录，操作流程：K/3 主控台→进入相应账套→单击"系统设置"→"初
始化"→"总账"→"初始数据录入"选项。以"方玉霞"身份登录，录入库存现金、各银
行存款余额，如图 4-23 所示。

图 4-23 初始余额录入

注意：
- 如果年初启用(1 月份)，只要准备每个科目的年初数即可。
- 如果是年中启用(非 1 月份)，需要准备每个科目的期初余额、本年累计借方发生、本
  年累计贷方发生、损益类科目实际发生。

- 系统初始化可与日常业务同步进行，但是必须在凭证过账前结束初始化。
- 数据录入完成后，进行试算平衡(如有外币业务则必须在"综合本位币"下平衡)，试算平衡后系统提示，如图 4-24 所示。

图 4-24　试算平衡

如果试算不平衡，则需检查错误，修改录入并重新试算，直到平衡。

- 注意各系统初始数据传递问题：
  - 应收、应付可与总账数据互为传递；
  - 固定资产系统可传递数据至总账系统；
  - 薪酬系统可传递数据至总账系统；
  - 存货系统可传递数据至总账系统；
  - 视企业启用系统模块而定。

八、启用总账系统

以"胡凤霞"身份登录，结束初始化，操作流程：单击"初始余额录入"→"文件"→"结束初始化"选项，打开如图 4-25 所示的对话框。如果初始数据有误，也可对系统进行反初始化(取消结束标志)，操作流程：单击"初始余额录入"→"文件"→"取消结束标志"选项。

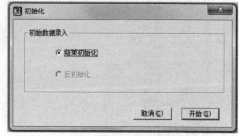

图 4-25　结束初始化

注意：
- 以系统管理员的身份操作。
- 需在凭证未过账的情况下，结束初始化。

第四节　各岗位日常业务操作

一、制单会计日常操作

1. 凭证录入

操作流程：K/3 主控台→进入相应账套→单击"财务会计"→"总账系统"→"凭证处

理"→"凭证录入"选项，如图 4-26 所示。

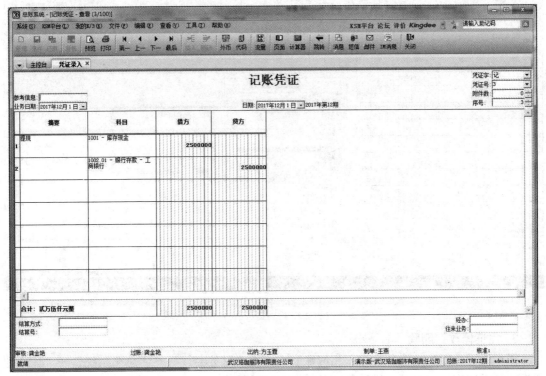

图 4-26　凭证录入

注意:

日常操作中有很多快捷键可以使用，以提高工作效率。例如:

- F7: 基础资料内容的查询;
- "..": 复制上一条摘要;
- "//": 复制第一条摘要;
- Ctrl+F7: 借贷调平键;
- 空格键: 调整借贷方向(英文状态下);
- 红字金额: 先输入数字，再输入"负号";
- 查看→选项→"代码自动提示窗口"等。

2. 模式凭证

企业日常经济业务常常会重复发生，如果将这些经济业务的处理做成模式凭证，则可大大提高工作效率。模式凭证的制作有两种方法，第一种方法是直接编辑，操作流程: K/3 主控台→进入相应账套→单击"财务会计"→"总账系统"→"模式凭证"，在弹出的对话框中，单击"编辑"按钮，输入相关信息后单击"确定"按钮保存即可。第二种方法是打开一张做好的凭证，单击菜单栏中的"文件"→"保存为模式凭证"选项，填入相关信息即可，完成后如图 4-27 所示。

模式凭证制作好后，如果要用到模式凭证，操作流程: 在凭证录入界面单击"新增"按钮，在"总账系统→记账凭证新增"菜单中执行"文件→调入模式凭证"按钮，在弹出的"模式凭证"对话框中选择相应的模式凭证，单击"确定"按钮，在出现的"模式凭证"界面修改日期，填写金额等信息，然后保存即可。

图 4-27 模式凭证

3. 凭证修改、删除

操作流程：K/3 主控台→进入相应账套→单击"财务会计"→"总账系统"→"凭证处理"→"凭证查询"选项，进行凭证的修改、删除操作。

(1) 修改：需选中错误凭证，然后单击"修改"按钮。

(2) 删除：如果凭证未保存想删除，则单击"还原"按钮；如果凭证已经保存要删除，则在未审核记账前在凭证查询中删除。

二、出纳岗位日常操作

以"方玉霞"身份登录，操作流程：K/3 主控台→进入相应账套→单击"财务会计"→"总账系统"→"凭证处理"→"凭证查询"，在过滤条件中选择"全部"选项，单击栏中的"编辑"→"出纳复核"选项，便可将所有涉及库存现金或银行存款的凭证进行出纳签字，签完字的凭证显示如图 4-28 所示。

三、稽核岗位日常操作

1. 凭证审核

操作流程：K/3 主控台→进入相应账套→单击"财务会计"→"总账系统"→"凭证处理"→"凭证查询"选项，在过滤条件中选择"全部"选项，单击栏中的"编辑"→"审核凭证"选项，便可单张审核：选中需审核的凭证，单击"审核"按钮，进入凭证界面后再单击"审核"按钮即可；也可期末成批审核：编辑菜单下的"成批审核"按钮，如图 4-29 所示。

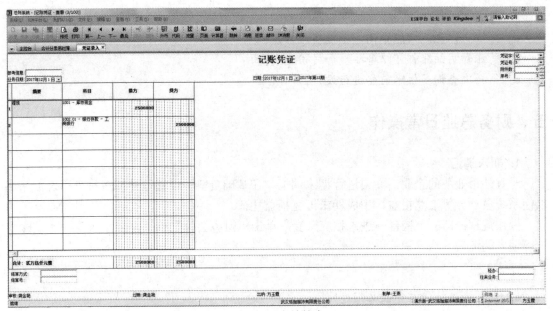

图 4-28　出纳签字

注意:

- 审核和制单人不能为同一人。
- 审核以后的凭证不能直接修改和删除。

2. 凭证反审核

凭证反审核有两种操作方法:①在凭证列表中,选中需要反审核的凭证,然后在工具栏中找到"反审核"的菜单项,单击此菜单项即可;②打开需要反审核的凭证,单击"反审核"的菜单项,如图 4-30 所示。

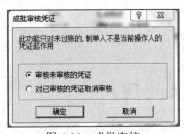

图 4-29　成批审核

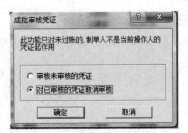

图 4-30　对已审核的凭证取消审核

注意:

只有原审核人员才可以取消审核(反审核)。

四、会计主管日常操作

会计主管日常除制单、审核等操作外,经常需要查询各账户情况(其他财务人员也需要用到本操作)。

操作流程:K/3 主控台→进入相应账套→单击"财务会计"→"总账系统"→"账簿"→选择各类账簿(如总分类账、明细账、多栏账、试算平衡表等)。

注意:

- 账证一体化: 只能查询, 不能直接修改。
- 总账和明细账都可以跨年度和月份进行查询。
- 第一次查询多栏账前要进行设计。

五、财务总监日常操作

1. 期末调汇

对有外币业务的企业, 需要进行期末调汇, 在基础资料中设置一种或多种外币及汇率, 以便系统自动计算汇兑损益, 生成期末汇兑损益凭证。

操作流程: K/3 主控台→进入相应账套→单击"财务会计"→"总账系统"→"结账"→"期末调汇"。

注意:

- 期末调汇时所有凭证必须过账。
- 只有设置为参与"期末调汇"的科目, 才能使用该功能。

2. 自动转账

日常核算中有很多凭证是内部转账而来, 如预付的房租、制造费用的分配、附加税的计提、保险费的摊销等, 每个月末都需要重复操作, 可以预先设置好自动转账模板, 使用时直接自动转账即可, 减轻期末工作量。

操作流程: K/3 主控台→进入相应账套→单击"财务会计"→"总账系统"→"结账"→"自动转账"。

注意:

- 转出科目可以是非明细科目。
- 转入科目一定是明细科目; 可包含未过账凭证。

第五节　期末处理

一、凭证审核与过账

凭证审核操作可以在平时进行, 也可在期末成批审核, 详见稽核岗位日常操作。

凭证过账是在凭证作上记账标志, 将已审核无误的凭证根据账户登记到相关的账簿中。

操作流程: K/3 主控台→进入相应账套→单击"财务会计"→"总账系统"→"凭证处理"→"凭证过账", 过账成功系统会有相应提示。

注意:

- 过账时, 出现凭证不能过账的原因有: 初始化未完成、无过账权限、凭证不是当期的、用户冲突等。

- 凭证错误的修改方法：①未审核、未过账，直接在查询中选中错误凭证修改即可；②已审核、未过账，查询中取消审核章后即可修改，即反审核后修改；③已审核、已过账，在查询中冲销错误凭证或在查询中对错误凭证先进行反过账(如图 4-31 所示)，后反审核，即可修改。

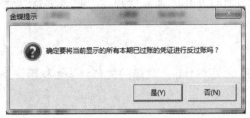

图 4-31 对已过账的凭证反过账

二、月末结转损益

结转损益是将当期所有损益类科目的余额转入"本年利润"科目，自动生成结转损益凭证，以正确核算企业经营成果。

操作流程：K/3 主控台→进入相应账套→单击"财务会计"→"总账系统"→"结账"→"结转损益"，单击"下一步"按钮，在弹出的对话框中，勾选"收益""损失"复选框，如图 4-32 示，然后单击"完成"按钮，系统生成两张结转损益凭证，一张为结转收益，另一张为结转支出。

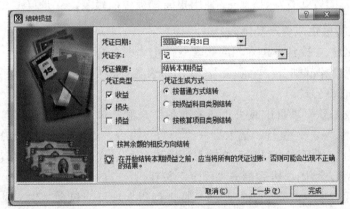

图 4-32 结转损益选项

如果企业涉及所得税费用的计提，则更换操作员为"王燕"，录入确认所得税费用的凭证，再按前述操作员及步骤，进行凭证审核、过账、结转损益操作，完成结转所得税费用。最后检查所有凭证是否全部审核、过账，否则容易导致报表不平。

注意：
- 结转损益前所有凭证必须过账。
- 系统参数中本年利润科目要进行选择，否则容易引发错误：若在系统参数中未选择"本年利润"科目，则提示"未指定本年利润科目或科目不存在，不能进行结转损益"的错误。参考本章第三节系统参数设置。

三、期末结账

当期所有的会计业务全部处理完毕后要进行下期业务的操作，则需要进行期末结账。

操作流程：K/3 主控台→进入相应账套→单击"财务会计"→"总账系统"→"结账"→"期末结账"。

注意：

系统不能结账的原因可能是：①有未过账的凭证；②无权限；③其他子系统未结账；④与其他用户冲突。

提示：

由于本书案例是 12 月份，不建议进行期末结账操作。

四、综合查询

企业财务工作中，有大量的查询任务，如凭证查询、账簿查询；有查询当期的，也有查询其他会计期间的，各岗位操作员可根据查询过滤条件自行设置，查询不同的账务信息。

五、编制会计报表

编制会计报表的方法有两种，一是使用报表模板生成报表，二是自定义生成报表。

1. 使用报表模板生成资产负债表

操作流程：K/3 主控台→进入相应账套→单击"财务会计"→"报表"→"新企业会计准则"，双击"新会计准则资产负债表"，弹出报表界面，更改"应收账款""存货"等科目期初、期末余额取数公式。

(1) 在"应收账款"项目中减去"坏账准备"余额，单击"应收账款"期末余额栏，在编辑栏中输入减号"－"，执行"插入"→"函数"命令，弹出对话框，选择 ACCT 函数，单击"确定"按钮，然后在"科目"栏输入坏账准备科目代码 1231，在"取数"类型栏中输入"DY"(期末贷方余额)，然后单击"确定"按钮。

(2) 如果企业有未生产完工的在产品，则"存货"项目应包含"生产成本"余额，需修改"存货"报表项目的取数公式。

(3) 执行"数据"→"报表重算"命令，单击"视图"→"显示数据"选项，系统则按设置的报表公式计算资产负债表数据，生成报表，如图 4-33 所示。

2. 使用报表模板生成利润表

操作流程：K/3 主控台→进入相应账套→单击"财务会计"→"报表"→"新企业会计准则"，双击"新会计准则利润表"，弹出报表界面，因代码为"6405"，需更改"营业税金及附加"项目本期金额取数公式，修改代码为"6403"，然后单击"√"按钮。执行"数据"→"报表重算"命令，单击"视图"→"显示数据"选项，系统则按设置的报表公式计算利润表数据，生成报表，如图 4-34 所示。

报表系统 - [新会计准则资产负债表]

文件(F) 编辑(E) 视图(V) 插入(I) 格式(G) 工具(T) 数据(D) 窗口(W) 帮助(H)

宋体 10 B I U

F25 =F15+F24

A	B	C	D	E	F
流动资产:			流动负债:		
货币资金	1192235.95	728438.8	短期借款	0	0
交易性金融资产	0	210000	交易性金融负债		
应收票据	0	328000	应付票据		
应收账款	818382.07	1158410	应付账款	293230	280138
预付款项	23490.56	7800	预收款项		10000
应收利息			应付职工薪酬	342342	379200
应收股利			应交税费	738749.8	)78061.1
其他应收款	132864	82864	应付利息	0	11875
存货	1931297.35	1711887.3	应付股利		
一年内到期的非流动资产			其他应付款	338667 76	79000
其他流动资产			一年内到期的非流动负债		
流动资产合计	4098269.93	4225400.1	其他流动负债		
非流动资产:			流动负债合计	1713189.56	838274.1
可供出售金融资产	115500	0	非流动负债:		
持有至到期投资	0	0	长期借款	1500000	1500000
长期应收款	0	0	应付债券	0	0
长期股权投资	1000000	0	长期应付款	0	0
投资性房地产	0	0	专项应付款	0	0
固定资产	5605663.32	2945674	预计负债	0	0
在建工程	0	1960000	递延所得税负债	0	0
工程物资	0	0	其他非流动负债		
固定资产清理	0	0	非流动负债合计	1500000	1500000
生产性生物资产			负债合计	3213189.56	2338274.1
油气资产			所有者权益（或股东权益）:		
无形资产	907667	916000	实收资本（或股本）	5000000	5000000
开发支出	0	0	资本公积	10463.5	
商誉	0	0	减: 库存股		
长期待摊费用	0	0	盈余公积	543647.85	329300
递延所得税资产	0	0	未分配利润	2959899.34	2379500
其他非流动资产	0	0	所有者权益（或股东权益）合计	8513910.69	7708800
非流动资产合计	7628830.32	5821674			
资产总计	11727100.25	10047074.1	负债和所有者权益（或股东权益）总计	11727100.25	10047074.1

图 4-33 资产负债表

报表系统 - [新会计准则利润表]

文件(F) 编辑(E) 视图(V) 插入(I) 格式(G) 工具(T) 数据(C) 窗口(W) 帮助(H)

宋体 10 B I U

C4

A	B
项目	本期金额
一、营业收入	2947789.5
减: 营业成本	1311633.15
营业税金及附加	36183.84
销售费用	181457.39
管理费用	170355.08
财务费用	-260.4
资产减值损失	5576.49
加: 公允价值变动收益（损失以"-"号填列）	-10000
投资收益（损失以"-"号填列）	39683
其中: 对联营企业和合营企业的投资收益	
二、营业利润（亏损以"-"号填列）	1272526.95
加: 营业外收入	0
减: 营业外支出	10200
其中: 非流动资产处置损失	
三、利润总额（亏损总额以"-"号填列）	1262326.95
减: 所得税费用	467679.76
四、净利润（净亏损以"-"号填列）	794647.19
五、每股收益	
（一）基本每股收益	
（二）稀释每股收益	

图 4-34 利润表

主要参考文献

[1] 欧阳电平. 电算化会计实验教程[M]. 湖北：武汉大学出版社，2008.

[2] 欧阳电平. 电算化会计—原理、分析、应用(第三版)[M]. 湖北：武汉大学出版社，2011.

[3] 杨周南, 王海林　等. 会计信息系统—面向财务业务一体化[M]. 北京：电子工业出版社，2017.

[4] 欧阳电平，胡丹. 会计信息化基础[M]. 北京：清华大学出版社，2017.

[5] 李华. 企业会计综合实训[M]. 大连：东北财经大学出版社，2017.

[6] 陈国平. 会计综合模拟实验[M]. 上海：立信会计出版社，2016.

[7] 胡顺义，周新玲. 企业会计综合模拟实训[M]. 南京：南京大学出版社，2015.

[8] 胡北忠. 会计学综合学习[M]. 大连：东北财经大学出版社，2016.

[9] 厦门网中网软件有限公司. 会计综合实训平台[DB/OB].http://kjzhsx.zfc.edu.cn/game__ss/all.

[10] 立信人. 实习专用账簿[M]. 上海：立信出版社，2016.

综合模拟实训一

一、实训资料

2017 年 12 月 28 日，武汉珞珈服饰有限责任公司经股东大会决议，以货币资金对外投资 100 万元，在中华科技园设立全资子公司龙泉信息咨询服务有限责任公司，主营信息技术咨询服务。

公司名称：龙泉信息咨询服务有限责任公司

开户行：建设银行龙泉支行　　账号：4516860001358

地址：江夏区龙泉大道 106 号　　电话：027-87930088

法定代表人：陈立

二、要求：熟悉公司设立登记的基本流程，办理工商登记

1. 办理名称预先核准

2. 申请公司设立登记

附录2

综合模拟实训二

一、龙泉信息咨询服务有限责任公司 2017 年 12 月份筹办期间发生如下经济业务

1. 办理银行账户，出纳刘敏代垫 450.00 元现金。
2. 收到股东投资款 100.00 万元。
3. 购买支票等银行单据 75.00 元，办理网银 500.00 元。
4. 提取备用金 20 000.00 元。
5. 购买办公用品 150.00 元。
6. 现金支付办理"五证合一"交通费 120.00 元。
7. 购买办公桌椅 3 套共计 4500.00 元，现金支付。
8. 发放工资 8000.00 元。
9. 网银支付购买电脑款 5600.00 元，打印机 800.00 元，电脑已投入使用。
10. 支付刻章费 120.00 元。
11. 支付刘敏代垫款 450.00 元。
12. 支付 2018 年 1 季度办公楼租金 15 000.00 元。
13. 购买文件柜 2 组，共计 1600.00 元。
14. 购买金蝶财务软件 1800.00 元，未安装，款未付。
15. 购买办公用格力空调 2650.00 元。

二、根据上述资料，完成以下实训任务

1. 填写 4 号业务中的现金支票。
2. 编制经济业务凭证，并结转损益。
3. 编制试算平衡表。
4. 编制资产负债表、利润表。

中国工商银行
现金支票存根 （ ）
GE 02 23097141

附加信息 _____

出票日期 年 月 日

收款人：

金 额：

用 途：

单位主管 会计

本支票付款期限十天

中国工商银行 现金支票 （ ） GE 02 23097141

出票日期（大写） 年 月 日 付款行名称：

收款人： 出票人账号：

人民币
（大写） _____ 亿 千 百 十 万 千 百 十 元 角 分

用途 _____

上列款项请从
我账户内支付

出票人签章 复核 记账

正面

背面

附加信息

（ 贴 粘 单 处 ）

收款人签章
年 月 日

身份证件名称： 发证机关：

号码

实训企业经济业务原始单据、凭证封面

1-1

原材料暂估入库单

2017 年 11 月 30 日

名称	编号	单位	供应商	数量	单价	金额
纽扣	F-17-02	粒	琴台纽扣	6000	1.10	6 600.00
合计						6 600.00
审核		会计			仓库管理员	

2 号业务单据资料

湖北中咨招标有限公司
民生银行中南支行 697816192 91420106MA4KN02158
民生银行中南支行 697816192

2-1

3-1

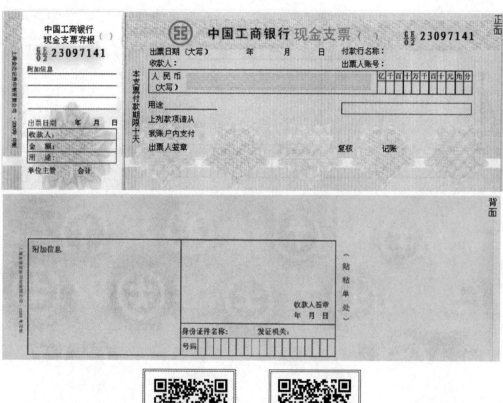

现金支票的填写

现金支票3.doc

4-1

借　款　单

资 金 性 质		年　　月　　日		第　　号	
借款单位：					
借款理由：					
借款金额：人民币（大写）				￥	
部门负责人意见：					
总经理	财务经理	会计	出纳	借款人	

借款单的填写.doc

5-1

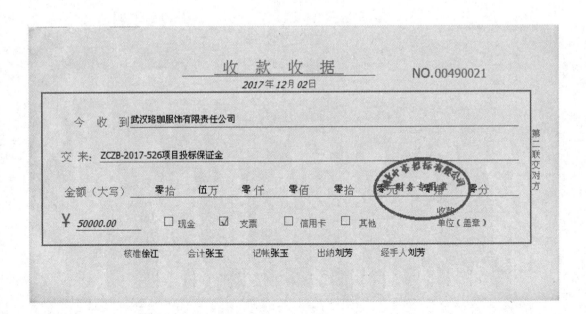

收　款　收　据　　　　NO.00490021

2017年12月02日

今　收　到　武汉珞珈服饰有限责任公司

交　来：ZCZB-2017-526项目投标保证金

金额（大写）	零拾	伍万	零仟	零佰	零拾	零元	零角	零分

￥ 50000.00　　□ 现金　☑ 支票　□ 信用卡　□ 其他　　　　收款单位（盖章）

核准徐江　会计张玉　记帐张玉　出纳刘芳　经手人刘芳

第二联　交对方

5-2

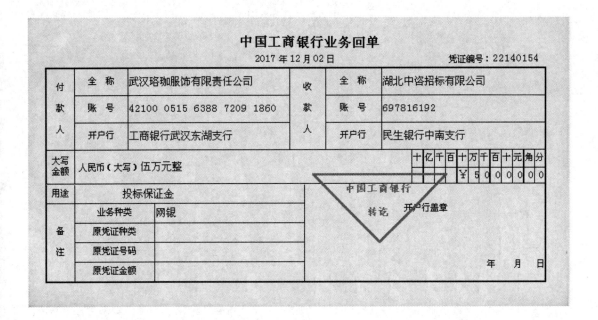

中国工商银行业务回单

2017 年 12 月 02 日   凭证编号：22140154

付款人	全 称	武汉珞珈服饰有限责任公司	收款人	全 称	湖北中咨招标有限公司
	账 号	42100 0515 6388 7209 1860		账 号	697816192
	开户行	工商银行武汉东湖支行		开户行	民生银行中南支行

大写金额	人民币（大写）伍万元整	十亿 千 百 十万 千 百 十 元 角 分
		¥ 5 0 0 0 0 0 0

用途	投标保证金	中国工商银行 转讫 开户行盖章
备注	业务种类	网银
	原凭证种类	
	原凭证号码	
	原凭证金额	年 月 日

6-1

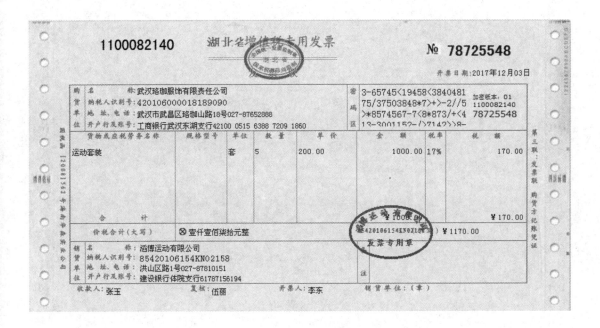

1100082140   湖北省增值税专用发票   № 78725548

开票日期：2017年12月03日

购货单位	名 称	武汉珞珈服饰有限责任公司	密码区	3-65745<19458<3840481 75/37503848*7>+>-2//5 >*8574567-7<8*873/+<4 13-3001152-/>7142>>8-	加密版本：01 1100082140 78725548
	纳税人识别号	420106000018189090			
	地址、电话	武汉市武昌区珞珈山路18号027-87652888			
	开户行及账号	工商银行武汉东湖支行42100 0515 6388 7209 1860			

货物或应税劳务名称	规格型号	单位	数量	单价	金 额	税率	税 额
运动套装		套	5	200.00	1000.00	17%	170.00
合 计							¥170.00

价税合计（大写）	⊗ 壹仟壹佰柒拾元整		420106154KN02158 发票专用章	¥1170.00

销货单位	名 称	洒博运动有限公司	备注	
	纳税人识别号	85420106154KN02158		
	地址、电话	洪山区路1号027-87810151		
	开户行及账号	建设银行体院支行61787156194		

收款人：张玉   复核：伍丽   开票人：李东   销货单位：（章）

7-1

7-2

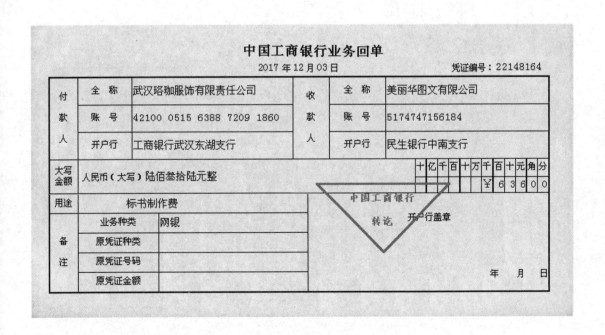

8-1

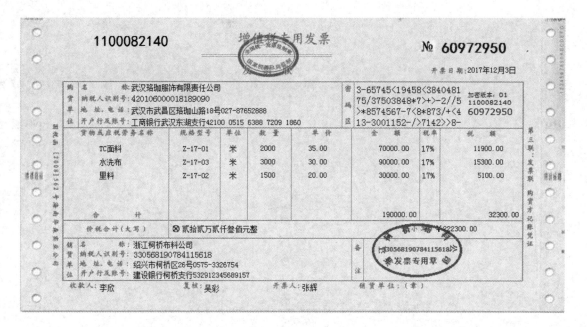

8-2

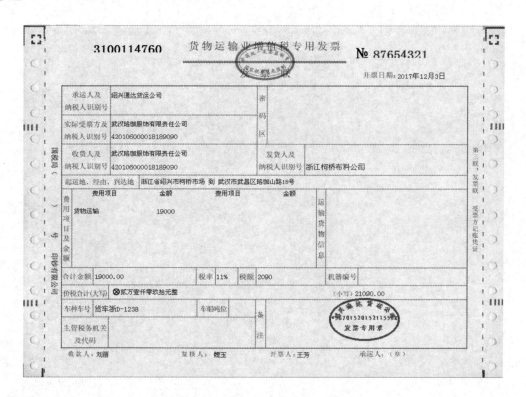

8-3

<h1 style="text-align:center">材料验收入库单</h1>

验收日期：　　　　　　　　　　　　　　　　　　　　　　　　　　单位：元

品名	规格	单位	数量		实际成本			
			应收	实收	单价	总价	运杂费	合计
合计								

主管：　　　　会计：　　　　验收人：　　　　采购：　　　　制单人：

材料验收入库单

9-1

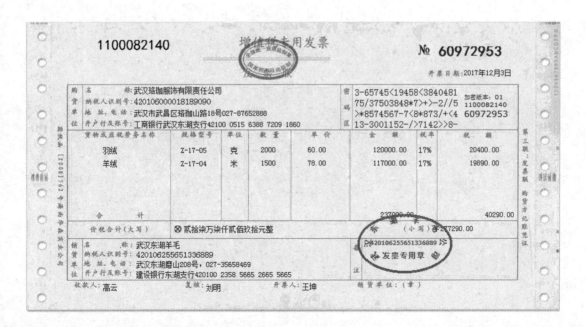

10-1

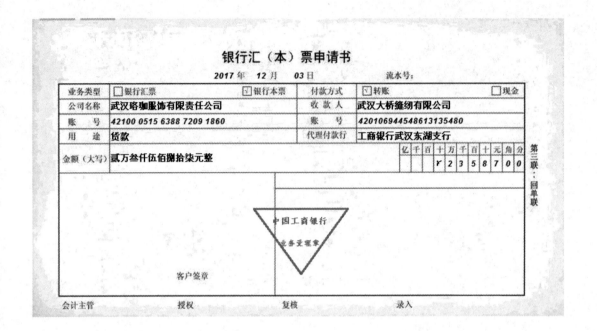

11-1

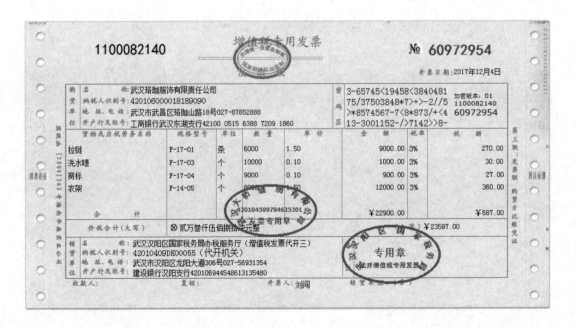

11-2

武汉珞珈服饰有限责任公司

材料验收入库单

验收日期：　　　　　　　　　　　　　　　　　　　　　　　　单位：元

品名	规格	单位	数量		实际成本			
			应收	实收	单价	总价	运杂费	合计
合计								

主管：　　　　　会计：　　　　　　验收人：　　　　　采购：　　　　　制单人：

材料验收入库单

12-1

武汉珞珈服饰有限责任公司

材料验收入库单

验收日期：　　　　　　　　　　　　　　　　　　　　　　　　单位：元

品名	规格	单位	数量		实际成本			
			应收	实收	单价	总价	运杂费	合计
合计								

主管：　　　　　会计：　　　　　　验收人：　　　　　采购：　　　　　制单人：

材料验收入库单
12.doc

12-2

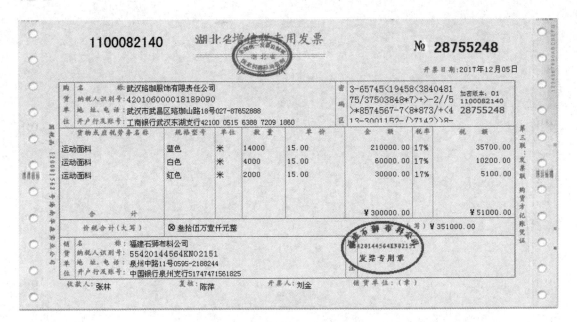

13-1

武汉珞珈服饰有限责任公司

材料验收入库单

验收日期：　　　　　　　　　　　　　　　　　　　　　　　　单位：元

品名	规格	单位	数量		实际成本			
			应收	实收	单价	总价	运杂费	合计
合计								

主管：　　　　　会计：　　　　　验收人：　　　　　采购：　　　　　制单人：

材料验收入库单
13.doc

13-2

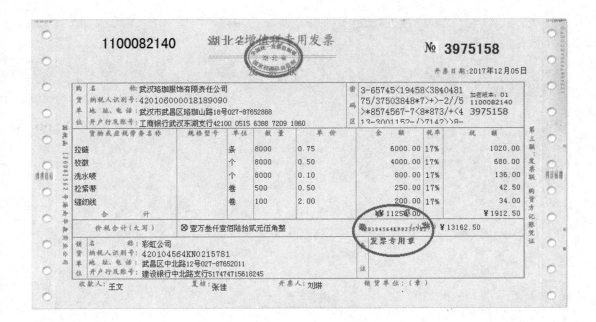

13-3

彩虹公司 420104564KN0215781
武昌区中北路 12 号 027-87652011
建设银行中北路支行 517474715618245

中国工商银行业务回单

2017 年 12 月 05 日　　　　　　　　　凭证编号：2477146

付款人	全　称	武汉珞珈服饰有限责任公司	收款人	全　称	彩虹公司
	账　号	42100 0515 6388 7209 1860		账　号	517474715618245
	开户行	工商银行武汉东湖支行		开户行	建设银行中北路支行

大写金额	人民币（大写）壹万叁仟壹佰陆拾贰元伍角整	十亿 千 百 十万 千 百 十 元 角 分
		¥ 1 3 1 6 2 5 0

用途	货款	
备注	业务种类	网银
	原凭证种类	
	原凭证号码	
	原凭证金额	

开户行盖章

中国工商银行 转讫

年　月　日

14-1

武汉珞珈服饰有限责任公司领料单

年　　月　　日

产品：　　　　　　　　　　仓库：主材库　　　　　　　　　NO：201712001

期初结存：　　　　　　　　本期投产：　　　　　　　　　　单位：元

材料名称	材料编号	单位	请领数量	实发数量	单价	金额	备注
合计							

主管：　　　　会计：　　　　　　仓库：　　　　　　领料：

领料单14.doc

14-2

武汉珞珈服饰有限责任公司领料单

年　　月　　日

产品：　　　　　　　　　　仓库：辅材库　　　　　　　　　NO：201712013

期初结存：　　　　　　　　本期投产：　　　　　　　　　　单位：元

材料名称	材料编号	单位	请领数量	实发数量	单价	金额	备注
合计							

主管：　　　　会计：　　　　　　仓库：　　　　　　领料：

15-1

武汉珞珈服饰有限责任公司

材料验收入库单

验收日期：　　　　　　　　　　　　　　　　　　　　　　　　　　　单位：元

品名	规格	单位	数量		实际成本			
			应收	实收	单价	总价	运杂费	合计
合计								

主管：　　　　　会计：　　　　　　　验收人：　　　　　采购：　　　　　制单人：

材料验收入库单
15.doc

16-1

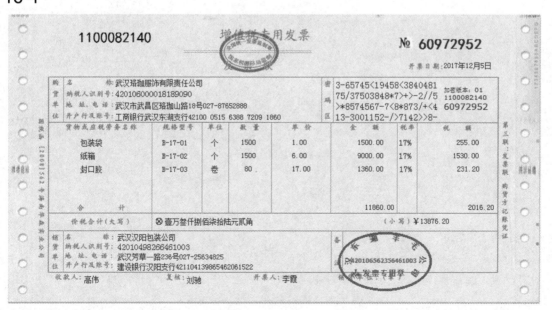

16-2

武汉珞珈服饰有限责任公司
材料验收入库单

验收日期：　　　　　　　　　　　　　　　　　　　　　　　　　　单位：元

品名	规格	单位	数量		实际成本			
			应收	实收	单价	总价	运杂费	合计
合计								

主管：　　　　　会计：　　　　　验收人：　　　　　采购：　　　　　制单人：

材料验收入库单
16.doc

17-1

报 销 单

填报日期：_2017_ 年 _12_ 月 _5_ 日

现金付讫

姓名	郑飞	所属部门	销售部	报销形式		
				支票号码		
报销项目			金额	报销项目		金额
市内业务交通费			382			
			以上单据共 30 张 金额小计			382.00
总金额（大写）	零 拾零 万零 仟叁 佰捌 拾贰 元零 角零 分		预支备用金额		应缴备用金额	

总经理：**高涛**　　财务经理：**钱静**　　部门经理：**闵家辉**　　会计：**龚金艳**　　出纳：**方玉霞**　　报销人：**郑飞**

18-1

差旅费报销单
_2017_ 年 _12_ 月 _06_ 日

所属部门	采购部			姓名	赵作义	出差天数	目 12 月 3 日至 12 月 5 日共 3 天
出差事由	采购					借旅支费 日期	12.02　金额¥ 2000.00
						结算金额：¥ 1800.00	

出发		到达		起止地点	交通费	住宿费	伙食费	其他
月	日	月	日					
12	3	12	3	武汉——浙江	358	576	168	300
12	5	12	5	浙江——武汉	358			
				市内交通	40			
					现金付讫			
合计				零 拾 零万 壹仟 捌佰 零拾 零元 零角 分 ¥1800.00				

总经理：**高涛**　　财务经理：**钱静**　　部门经理：**闵家辉**　　会计：**王燕**　　出纳：**方玉霞**　　报销人：**赵作义**

19-1

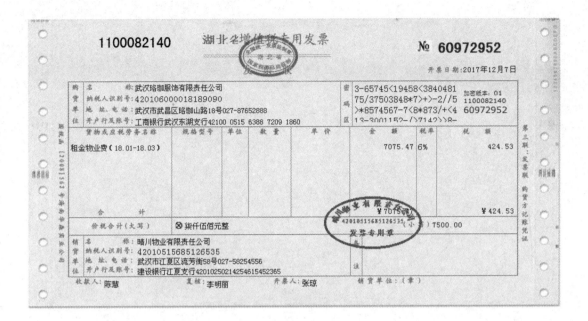

19-2

20-1

武汉珞珈服饰有限责任公司
商品调拨单

调入仓库：新世界　　　　　　　　　　12月8日　　　　　　　　　　调出仓库：公司总仓

序号	品名	规格	单位	数量	成本价	金额
1	羽绒服	17-Y01	件	50	328.00	16 400.00
2		17-Y02	件	50	200.00	10 000.00
3	棉衣	17-M01	件	100	120.00	12 000.00
4		17-M02	件	200	180.00	36 000.00
5	羊绒衫	17-R01	件	50	300.00	15 000.00
6		17-R02	件	50	350.00	17 500.00
合计						106 900.00

调入库经手人：　　　　　调出库经手人：　　　　　　　　　公司负责人：

21-1

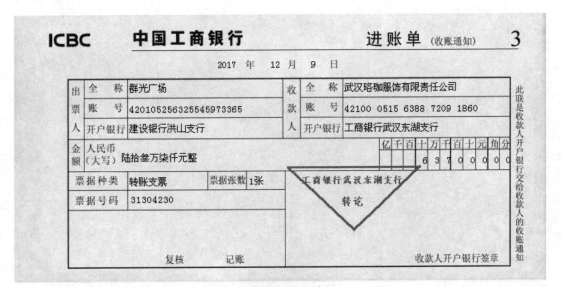

银行进账知识.mp4

21-2

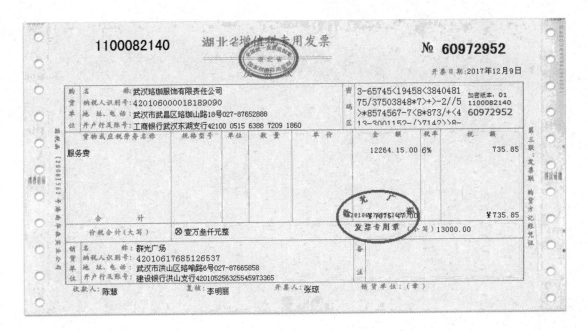

22-1

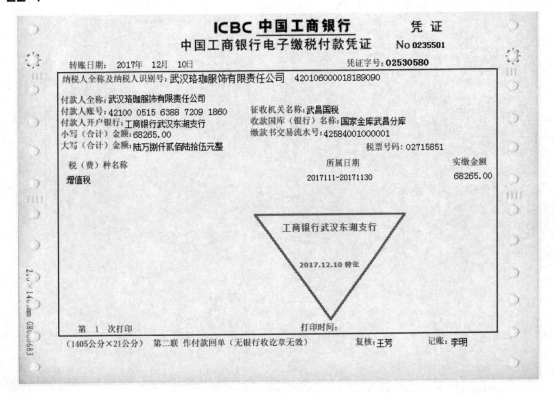

22-2

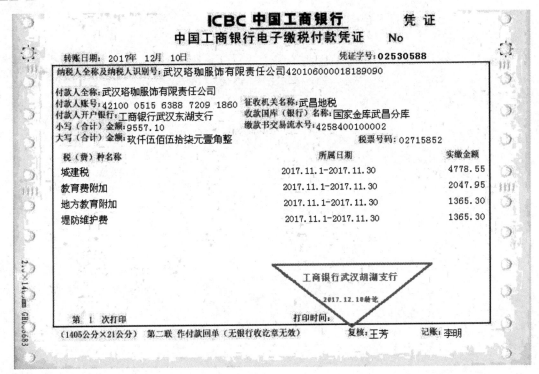

ICBC 中国工商银行　　　　　　凭 证

中国工商银行电子缴税付款凭证　　No

| 转账日期：2017年 12月 10日 | 凭证字号：**02530588** |

纳税人全称及纳税人识别号：武汉珞珈服饰有限责任公司420106000018189090

付款人全称：武汉珞珈服饰有限责任公司
付款人账号：42100 0515 6388 7209 1860　　征收机关名称：武昌地税
付款人开户银行：工商银行武汉东湖支行　　收款国库（银行）名称：国家金库武昌分库
小写（合计）金额：9557.10　　　　　　　缴款书交易流水号：42584001000002
大写（合计）金额：玖仟伍佰伍拾柒元壹角整　　　　　　税票号码：02715852

税（费）种名称	所属日期	实缴金额
城建税	2017.11.1-2017.11.30	4778.55
教育费附加	2017.11.1-2017.11.30	2047.95
地方教育附加	2017.11.1-2017.11.30	1365.30
堤防维护费	2017.11.1-2017.11.30	1365.30

工商银行武汉胡湖支行
2017.12.10 转讫

第 1 次打印　　　　　　打印时间：

（1405公分×21公分） 第二联 作付款回单（无银行收讫章无效）　　复核：王芳　　记账：李明

22-3

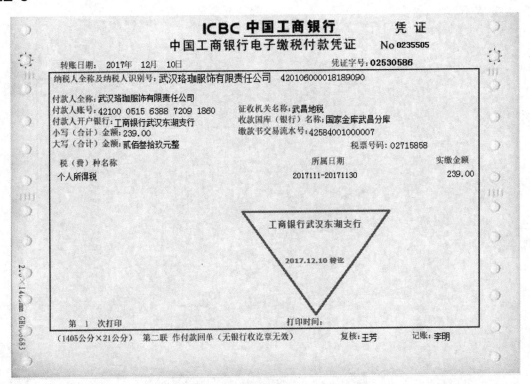

ICBC 中国工商银行　　　　　　凭 证

中国工商银行电子缴税付款凭证　　No 0235505

| 转账日期：2017年 12月 10日 | 凭证字号：**02530586** |

纳税人全称及纳税人识别号：武汉珞珈服饰有限责任公司 420106000018189090

付款人全称：武汉珞珈服饰有限责任公司
付款人账号：42100 0515 6388 7209 1860　　征收机关名称：武昌地税
付款人开户银行：工商银行武汉东湖支行　　收款国库（银行）名称：国家金库武昌分库
小写（合计）金额：239.00　　　　　　　缴款书交易流水号：42584001000007
大写（合计）金额：贰佰叁拾玖元整　　　　　　　税票号码：02715858

税（费）种名称	所属日期	实缴金额
个人所得税	2017111-20171130	239.00

工商银行武汉东湖支行
2017.12.10 转讫

第 1 次打印　　　　　　打印时间：

（1405公分×21公分） 第二联 作付款回单（无银行收讫章无效）　　复核：王芳　　记账：李明

23-1

23-2

11 月工资发放表汇总表

部门	应发工资	人数	扣个税	扣社保	扣住房公积金	实发数	备注
车间工人工资	188 000.00	80	0	17 040.00	16 000.00	154 960.00	按实发数制明细清册，委托开户行代发，代发清单略(销售人员工资含销售提成)
车间行管工资	26 600.00	10	0	2130.00	2000.00	22 470.00	
公司行政工资	73 600.00	23	104.40	4899.00	4600.00	63 996.60	
销售人员工资	91 000.00	15	134.60	3195.00	3000.00	84 670.40	
总计	379 200.00	128	239.00	27 264.00	25 600.00	326 097.00	

24-1

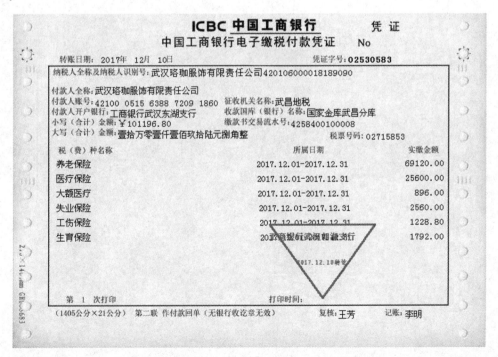

24-2

武汉珞珈服饰有限责任公司社保缴费单

日期：2017.12.10

险种	缴费人数	缴费基数	单位承担		个人承担		合计	
			比例	金额	比例	金额	比例	金额
养老保险	128	2000.00	19%		8%		27.00%	
医疗保险	128	2000.00	8%		2%		10.00%	
大额医疗	128	7.00 元/人						
失业保险	128	2000.00	0.70%		0.30%		1.00%	
工伤保险	128	2000.00	0.48%				0.48%	
生育保险	128	2000.00	0.70%				0.70%	
合计			28.88%		10.30%		39.18%	

社保24.doc

25-1

武汉珞珈服饰有限责任公司 11 月住房公积金明细表

日期：2017.12.10

部门	应发工资	人数	企业负担	个人负担	合计数
车间工人工资	188 000.00	80			
车间行管工资	26 600.00	10			
公司行政工资	73 600.00	23			
销售人员工资	91 000.00	15			
总计	379 200.00	128			

25-2

住房公积金收款收据

2017 年 12 月 10 日   No 20325501

缴款单位	武汉珞珈服饰有限责	公积金账号	2256413	单位性质	私营有限责任	第一联
单位人数	128	汇缴	2017年12月	缴款方式	转账	
人民币（大写）	伍万壹仟贰佰元整			千百十万千百十元角分 ¥ 5 1 2 0 0 0 0		存根联
住房公积金管理机构盖章		备注				

25-3

26-1

武汉珞珈服饰有限责任公司

商品调拨单

调入仓库：群光广场　　　　　　　　　12月10日　　　　　　　　调出仓库：公司总仓

序号	品名	规格	单位	数量	成本价	金额
1	羽绒服	17-Y01	件	30	328.00	9 840.00
2		17-Y02	件		200.00	—
3	棉衣	17-M01	件	100	120.00	12 000.00
4		17-M02	件	200	180.00	36 000.00
5	羊绒衫	17-R01	件	80	300.00	24 000.00
6		17-R02	件	90	350.00	31 500.00
合计						113 340.00

调入库经手人：　　　　　调出库经手人：　　　　　　　　公司负责人：

27-1

武汉珞珈服饰有限责任公司
商品调拨单

调入仓库：群光广场　　　　　　　　　　12月10日　　　　　　　　　调出仓库：公司总仓

序号	品名	规格	单位	数量	成本价	金额
1	羽绒服	17-Y01	件	100	328.00	32 800.00
2		17-Y02	件	100	200.00	20 000.00
3	棉衣	17-M01	件	300	120.00	36 000.00
4		17-M02	件	500	180.00	90 000.00
5	羊绒衫	17-R01	件	100	300.00	30 000.00
6		17-R02	件	100	350.00	35 000.00
合计						243 800.00

调入库经手人：　　　　　　调出库经手人：　　　　　　　　　公司负责人：

28-1

中国工商银行
转账支票存根
30109812

00023328

附加信息

出票日期2017年12月10日

收款人：武汉晟宇广告公司

金　额：10600.00

用　途：广告费

单位主管　　　会计

28-2

1100082140　　**湖北省增值税专用发票**　　№ 60972523

发票联

开票日期：2017年12月12日

购货单位	名　　称：武汉珞珈服饰有限责任公司 纳税人识别号：420106000018189090 地 址、电 话：武汉市武昌区珞珈山路18号027-87652888 开户行及账号：工商银行武汉东湖支行42100 0515 6388 7209 1860	密码区	3-65745<19458<3840481 75/37503848*7>+>-2//5 >*8574567-7<8*873/+<4 13-3001152-/>7142>>8- 加密版本：01 1100082140 60972523

货物或应税劳务名称	规格型号	单位	数量	单价	金额	税率	税额
广告费					10000.00	6%	600.00
合　　计					¥10000.00		¥600.00
价税合计（大写）	⊗壹万零陆佰元整				（小写）10600.00		

销货单位	名　　称：武汉晟宇广告有限责任公司 纳税人识别号：42010515685126587 地 址、电 话：武汉市江夏区流芳街111号027-58254284 开户行及账号：建设银行江夏支行42010250214254616452384	备注	

收款人：张明　　复核：王华　　开票人：徐莉　　销货单位：（章）

武汉晟宇广告有限责任公司 42010515685126587 发票专用章

国税函［2008］562号海南华森实业公司

第三联：发票联 购货方记账凭证

29-1

1100082140　　**湖北省增值税专用发票**　　№ 60972956

此联不作报销、扣税凭证使用

开票日期：2017年12月10日

购货单位	名　　称：群光广场 纳税人识别号：420105652555369874 地 址、电 话：武汉市洪山区珞喻路183号0276458158 开户行及账号：建设银行洪山支行42105 2565 3255 4597 3365	密码区	3-65745<19458<3840481 75/37503848*7>+>-2//5 >*8574567-7<8*873/+<4 13-3001152-/>7142>>8- 加密版本：01 1100082140 60972956

货物或应税劳务名称	规格型号	单位	数量	单价	金额	税率	税额
详见清单					333640.00	17%	56718.80
合　　计							
价税合计（大写）	⊗叁拾玖万零叁佰伍拾捌元捌角				（小写）¥390358.80		

销货单位	名　　称：武汉珞珈服饰有限责任公司 纳税人识别号：420106000018189090 地 址、电 话：武汉市武昌区珞珈山路18号027-87652888 开户行及账号：工商银行武汉东湖支行42100 0515 6388 7209 1860	备注	

收款人：李光　　复核：吴京　　开票人：邓丽　　销货单位：（章）

武汉珞珈服饰有限责任公司 420106000018189090 发票专用章

国税函［2008］562号海南华森实业公司

第一联：记账联 销货方记账凭证

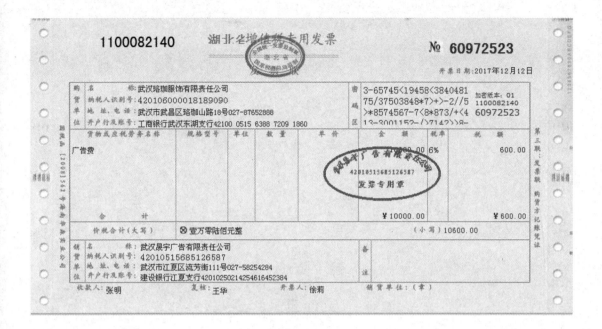

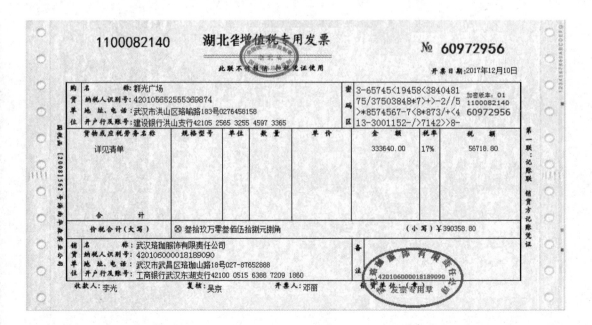

29-2

增值税应税货物或劳务销货清单

购买方名称：群光广场

销售方名称：武汉珞珈服饰有限公司

所属增值税专用发票代码：1100082140 号码：60972956 共 1 页 第 1 页

序号	货物（劳务）名称	规格型号	单位	数量	单价	金额	税率	税额
01	羽绒服	17-Y01	件	120	588.00	70560.00	17%	11995.20
02	羽绒服	17-Y02	件	98	398.00	39004.00	17%	6630.68
03	棉衣	17-M01	件	68	218.00	14824.00	17%	2520.08
04	棉衣	17-M02	件	86	378.00	32508.00	17%	5526.36
05	羊绒衫	17-R01	件	120	698.00	83760.00	17%	14239.20
06	羊绒衫	17-R02	件	118	788.00	92984.00	17%	15807.28
小计						333640.00	17%	56718.80
总计						￥3333640.00		￥56718.80
备注								

销售方（章）：发票专用章 开票日期 2017年 12月 10日 国家税务总局印制

30-1

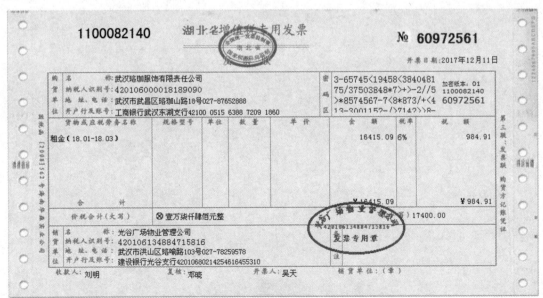

湖北省增值税专用发票

1100082140 № 60972561

开票日期：2017年12月11日

货物或应税劳务名称	规格型号	单位	数量	单价	金额	税率	税额
租金（18.01-18.03）					16415.09	6%	984.91
合计					￥16415.09		￥984.91

购买单位：
名称：武汉珞珈服饰有限责任公司
纳税人识别号：420106000018189090
地址、电话：武汉市武昌区珞珈山路18号027-87652888
开户行及账号：工商银行武汉东湖支行42100 0515 6388 7209 1860

密码区：
3-65745<19458<3840481
75/37503848*7>+>-2//5
>*8574567-7<8*873/+<4
13-3001152-/>7142)>8-

加密版本：01
1100082140
60972561

价税合计（大写）：⊗壹万柒仟肆佰元整 ￥17400.00

销售单位：
名称：光谷广场物业管理公司
纳税人识别号：420106134884715816
地址、电话：武汉市洪山区珞喻路103号027-78259578
开户行及账号：建设银行光谷支行42010680214254616455310

收款人：刘明 复核：邓晓 开票人：吴天 销货单位：（章）发票专用章

30-2

31-1

报　销　单

填报日期：　2017　年　12　月　13　日

姓名	郑飞	所属部门	销售部		报销形式	现金	
					支票号码		
报　销　项　目		金　额		报　销　项　目			金　额
业务招待费		8500.00		现金付讫			
				以上单据共　16　张　金额小计			￥8500.00
总金额（大写）	零　拾零　万捌　仟伍　佰零　拾零　元零　角零　分			预支备用金额		应缴备用金额	
总经理：高涛	财务经理：胡凤霞	部门经理：金明	会计：龚金艳	出纳：方玉霞	报销人：郑飞		

32-1

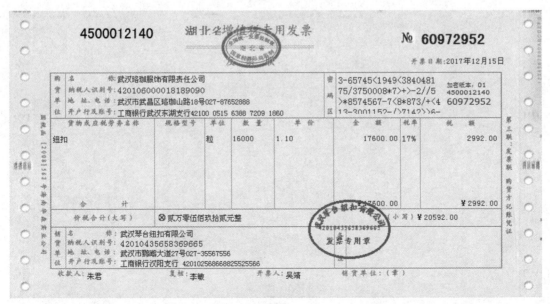

32-2

武汉珞珈服饰有限责任公司

材料验收入库单

验收日期：2017.12.15   单位：元

品名	规格	单位	数量		实际成本			
			应收	实收	单价	总价	运杂费	合计
纽扣	F-17-02	粒	16 000	16 000	1.10	17 600.00		17 600.00
						0.00		0.00
						0.00		0.00
						0.00		0.00
合计						17 600.00	0	17 600.00

32-3

中国工商银行业务回单

2017 年 12 月 15 日   凭证编号：2477174

付款人	全　称	武汉珞珈服饰有限责任公司	收款人	全　称	武汉琴台纽扣有限公司
	账　号	42100 0515 6388 7209 1860		账　号	42010256866825525566
	开户行	工商银行武汉东湖支行		开户行	工商银行汉阳支行

大写金额	人民币（大写）贰万零伍佰玖拾贰元整	十亿	千	百	十	万	千	百	十	元	角	分
					￥	2	0	5	9	2	0	0

用途		货款		开户行盖章
备注	业务种类	网银	中国工商银行 转讫	
	原凭证种类			
	原凭证号码			年　月　日
	原凭证金额			

33-1

33-2

34-1

34-2

水费34.doc

34-3

武汉珞珈服饰有限责任公司水费分摊表

使用部门	用水量	单价	金额
一车间	1000		
二车间	1100		
三车间	800		
管理部门	80		
销售部门	20		
小计	3000		
应交税费		6%	
总计			

35-1

湖北省增值税专用发票

1100082140　　No 68725613

开票日期:2017年12月16日

货物或应税劳务名称	规格型号	单位	数量	单价	金额	税率	税额
电费		度	15000	0.58	8700.00	17%	1479.00
合　计					¥8700.00		¥1479.00

购货单位:
名称:武汉珞珈服饰有限责任公司
纳税人识别号:420106000018189090
地址、电话:武汉市武昌区珞珈山路18号027-87652888
开户行及账号:工商银行武汉东湖支行42100 0515 6388 7209 1860

书画区:
3-65745<19458<3840481
75/37503848*7>+>-2//5
>*8574567-7<8*873/+<4
13-3001152-/>7142>>8-

加密版本: 01
1100082140
68725613

价税合计(大写) ⊗壹万零壹佰柒拾玖元整 (小写)¥10179.00

销货单位:
名称:湖北电力公司
纳税人识别号:456671546827864003
地址、电话:武汉市武汉大道246号027-86882347
开户行及账号:建设银行梨园支行4201068010008715843

收款人:陈清林　复核:杜军　开票人:蔡忠华　销货单位:(章)

35-2

中国工商银行
转账支票存根
30109820
00023328

附加信息

出票日期2017年12月16日
收款人:电力公司
金额:¥10179.00
用途:电费

单位主管　会计

电费35.doc

35-3

武汉珞珈服饰有限责任公司电费分摊表

使用部门	用水量	单价	金额
一车间			
二车间			
三车间			
管理部门			
销售部门			
小计			
应交税费		17%	
总计			

36-1

1100082140	湖北省增值税专用发票		No 38725518

开票日期：2017年12月17日

购货单位	名 称：武汉珞珈服饰有限责任公司 纳税人识别号：420106000018189090 地 址、电 话：武汉市武昌区珞珈山路18号027-87652888 开户行及账号：工商银行武汉东湖支行42100 0515 6388 7209 1860	密码区	3-65745<19458<3840481 75/37503848*7>+>-2//5 >*8574567-7<8*873/+<4 13-3001152-/7142>>8-

加密版本: 01
1100082140
38725518

货物或应税劳务名称	规格型号	单位	数量	单价	金额	税率	税额
信息技术服务	1	项	1	23.50	23.50	6%	1.41
增值电信服务	1	项	1	1503.00	1503.00	6%	90.18
基础电信服务	1	项	1	536.00	536.00	11%	58.96
合 计					￥2062.50		￥150.55

价税合计（大写）	⊗ 贰仟贰佰壹拾叁元零伍分	（小写）2213.05

销货单位	名 称：湖北电信公司武汉分公司 纳税人识别号：420106615402891348 地 址、电 话：武汉市珞喻路34号027-87882181 开户行及账号：工商银行光谷支行42010780715843100008	

收款人：姜华　　复核：王美　　开票人：刘睿

36-2

报 销 单

填报日期：2017 年 12 月 17 日

现金付讫

姓名	方玉霞	所属部门	财务部	报销形式	现金
				支票号码	

报 销 项 目	金　额	报 销 项 目	金　额
公司通讯费	2213.05		
		以上单据共 1 张 金额小计	2213.05

总金额（大写）	零 拾零 万贰 仟贰 佰壹 拾叁 元零 角伍 分	预支备用金额		应缴备用金额	

总经理：高涛　　财务经理：钱静　　部门经理：胡凤霞　　会计：龚金艳　　出纳：方玉霞　　报销人：方玉霞

37-1

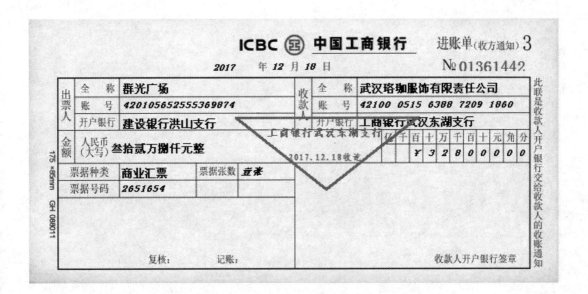

38-1

黄石棉纺厂 420175481226851487
工商银行黄石港支行 2568618718
黄石市黄石港 128 号 0714-3842148

中国工商银行业务回单

2017 年 12 月 20 日　　　　　　　　　凭证编号：25814111

付款人	全　称	武汉珞珈服饰有限责任公司	收款人	全　称	黄石棉纺厂
	账　号	42100 0515 6388 7209 1860		账　号	2568618718
	开户行	工商银行武汉东湖支行		开户行	工商银行黄石港支行

大写金额	人民币（大写）贰拾捌万零捌佰元整	十亿 千 百 十万 千 百 十元 角 分
		￥ 2 8 0 8 0 0 0 0

用途	货款	
备注	业务种类	网银
	原凭证种类	
	原凭证号码	
	原凭证金额	

中国工商银行 转讫

开户行盖章

年　月　日

38-2

湖北省增值税专用发票　№ 60972781

4500012140

开票日期：2017年12月20日

购货单位	名　称：武汉珞珈服饰有限责任公司 纳税人识别号：420106000018189090 地址、电话：武汉市武昌区珞珈山路18号027-87652888 开户行及账号：工商银行武汉东湖支行42100 0515 6388 7209 1860	密码区	3-65745<1949<3840481 75/3750008*7>+>-2//5 >*8574567-7<8*873/+<4 13-3001152-/>7142>>6-	加密版本：01 4500012140 60972781

货物或应税劳务名称	规格型号	单位	数量	单价	金额	税率	税额
加工费					240000.00	17%	40800.00
合　计							￥40800.00

价税合计（大写）	⊗ 贰拾捌万零捌佰元整	（小写）￥280800.00

销货单位	名　称：黄石棉纺厂 纳税人识别号：420175481226851487 地址、电话：黄石市黄石港128号0714-3842148 开户行及账号：工商银行黄石港支行2568618718	备注

收款人：陆玉琴　　复核：陈华　　开票人：刘金　　销货单位：（章）

39-1

如家连锁酒店 587156424445664179
黄石港路 18 号 0714-8721551
建设银行黄石港支行 57816941486

差旅费报销单
2017 年 12 月 20 日

所属部门	技术部			姓名	刘明		出差天数	目 12 月 06 日至 12 月 15 日共 10 天			
出差事由	黄厂跟单					借旅支费	日期		金额¥		
							结算金额:¥				

出发		到达		起止地点	交通费	住宿费	伙食费	其他
月	日	月	日					
12	06	12	06	武汉-黄石	25.00	1802.00		1000.00
12	15	12	15	黄石-武汉	25.00			
合计			零拾 零万 贰仟 捌佰 伍拾 贰元 零角 零分 ¥2852.00					

总经理:高涛   财务经理:钱静   部门经理:陈向阳   会计:龚金艳   出纳:方玉霞   报销人:刘明

39-2

湖北省增值税专用发票

1100082140   No 59751507

开票日期:2017 年 12 月 15 日

购货单位	名称	武汉珞珈服饰有限责任公司	密码区	3-65745<19458<3840481 75/37503848*7)+>-2//5 >*8574567-7<8*873/+<4 13... >7142>>R-	加密版本: 01 1100082140 59751507
	纳税人识别号	420106000018189090			
	地址、电话	武汉市武昌区珞珈山路18号027-87652888			
	开户行及账号	工商银行武汉东湖支行42100 0515 6388 7209 1860			

货物或应税劳务名称	规格型号	单位	数量	单价	税率	金额	税额
住宿费(12.05-12.14)					6%	1700.00	102.00
合　计						¥1700.00	¥102.00

价税合计(大写)	⊗壹仟捌佰零贰元整	(小写)¥1802.00

销货单位	名称	如家连锁酒店	备注
	纳税人识别号	587156424445664179	
	地址、电话	黄石港路18号0714-8721551	
	开户行及账号	建设银行黄石港支行57816941486	

收款人:刘江明   复核:张娜   开票人:刘江明   销货单位:(章)

第三联:发票联 购货方记账凭证

火车票略

40-1

委托加工成本计算单

2017.12.20

类别	项目编号	委托加工数量	主材	辅材	加工费	其他费用	总成本	入库数量	单位成本
运动套装	ZCZB-2017-526	8000						8000	

委托加工40.doc

40-2

武汉珞珈服饰有限责任公司

商品验收入库单

验收日期：2017.12.15　　　　　　　　　　　　　　　　　　　　单位：元

品名	规格	单位	数量		实际成本			
			应收	实收	单价	总价	运杂费	合计
运动套装		套	8000	8000				
合计								

41-1

借款应付利息计算表

2017 年 12 月 20 日

起讫期	借款种类	借款本金	年利率	日利率	累计积数	应付利息	借方科目
9.21-12.20	长期借款	1500000.00	4.75%			17812.50	
合计		1500000.00				17812.50	

42-1

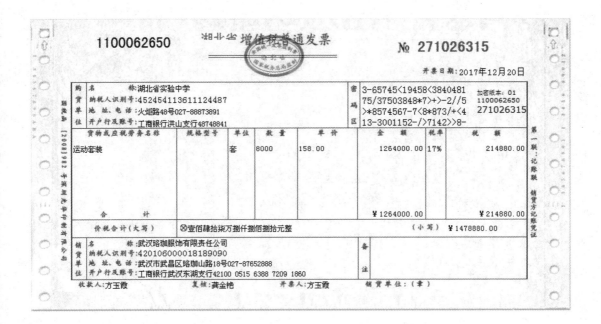

42-2

湖北省实验中学 452454113611124487
火炬路 48 号 027-88873891
工商银行洪山支行 48748841

中国工商银行业务回单

2017 年 12 月 20 日 　　　　凭证编号：22148164

付款人	全 称	湖北省实验中学		收款人	全 称	武汉珞珈服饰有限责任公司
	账 号	48748841			账 号	42100 0515 6388 7209 1860
	开户行	工商银行洪山支行			开户行	工商银行武汉东湖支行

大写金额	人民币（大写）壹佰肆拾柒万捌仟捌佰捌拾元整	十亿 千 百 十万 千 百 十元 角 分
		¥ 1 4 7 8 8 8 0 0

用途	校服款费	
备注	业务种类	转账
	原凭证种类	
	原凭证号码	
	原凭证金额	

中国工商银行
转讫 开户行盖章
年 月 日

43-1

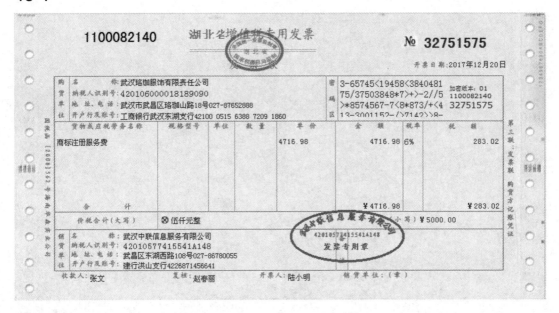

43-2

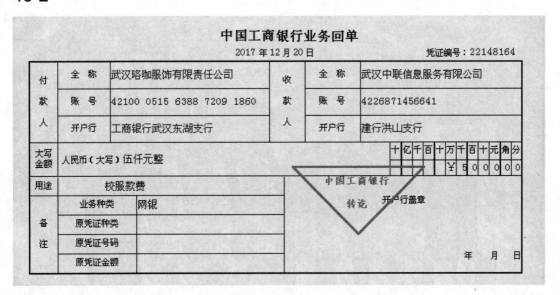

44-1

股东会议决议

企业决定以不低于 12.00 元/股的价格出售所持有的国创高新(002377)股票 20 000 股。

参加会议股东签字：李虹、张莉

2017 年 12 月 18 日

44-2

<table>
<tr><td colspan="4" align="center">深圳证券 成交过户交割凭单</td></tr>
<tr><td colspan="4">股东名称：武汉珞珈服饰有限责任公司</td></tr>
<tr><td>编号：</td><td>451044 成交 ：</td><td></td><td>2017年12月20</td></tr>
<tr><td>电脑编号：</td><td></td><td>成交数量：</td><td>20000</td></tr>
<tr><td>公司代号：</td><td></td><td>成交价格：</td><td>12</td></tr>
<tr><td>申请编号：</td><td></td><td>成交金额：</td><td>240000.00</td></tr>
<tr><td>申报时间：</td><td></td><td>标准佣金：</td><td>72</td></tr>
<tr><td>成交时间：</td><td></td><td>过户费用：</td><td>5.00</td></tr>
<tr><td>上次余额：</td><td></td><td>印花税：</td><td>240.00</td></tr>
<tr><td>本次成交：</td><td></td><td>应付金额：</td><td>239683.00</td></tr>
<tr><td>本次余额：</td><td></td><td>最终余额：</td><td></td></tr>
<tr><td>附加费用：</td><td></td><td>实付金额：</td><td>239683.00</td></tr>
<tr><td>经办单位：</td><td></td><td colspan="2">客户签章：</td></tr>
</table>

45-1

股东会议决议

企业决定以不高于 3.50 元/股的价格购买 TCL(000100)股票 30 000 股，划分为可供出售金融资产。

参加会议股东签字：李虹、张莉

2017 年 12 月 18 日

45-2

<table>
<tr><td colspan="4" align="center">深圳证券 成交过户交割凭单</td></tr>
<tr><td colspan="4">股东名称：武汉珞珈服饰有限责任公司</td></tr>
<tr><td>编号：</td><td>45110874 成交 ：</td><td></td><td>2017年12月20</td></tr>
<tr><td>电脑编号：</td><td></td><td>成交数量：</td><td>30000</td></tr>
<tr><td>公司代号：</td><td></td><td>成交价格：</td><td>3.5</td></tr>
<tr><td>申请编号：</td><td></td><td>成交金额：</td><td>105000.00</td></tr>
<tr><td>申报时间：</td><td></td><td>标准佣金：</td><td>31.5</td></tr>
<tr><td>成交时间：</td><td></td><td>过户费用：</td><td>5.00</td></tr>
<tr><td>上次余额：</td><td></td><td>印花税：</td><td>0.00</td></tr>
<tr><td>本次成交：</td><td></td><td>应付金额：</td><td>105036.50</td></tr>
<tr><td>本次余额：</td><td></td><td>最终余额：</td><td></td></tr>
<tr><td>附加费用：</td><td></td><td>实付金额：</td><td>105036.50</td></tr>
<tr><td>经办单位：</td><td></td><td colspan="2">客户签章：</td></tr>
</table>

46-1

工商银行计付存款利息清单

日期：2017年12月20日

单位名称：武汉珞珈服饰有限责任公司					
清算账号：		存款账号：42100 0515 6388 7209 1860			
编号	计息类型	计息起讫日期	计息积数	利率	利息金额
001	存款利息	2017.9.21-2017.12.20	101933.33	0.3%	305.80
金额合计：￥305.80			金额合计大写：叁佰零伍元捌角整		
摘要：利息					

打印时间：2017.12.21

46-2

招商银行计付存款利息清单

日期：2017年12月20日

单位名称：武汉珞珈服饰有限责任公司					
清算账号：		存款账号：42102 0516 6389 7210 1861			
编号	计息类型	计息起讫日期	计息积数	利率	利息金额
001	存款利息	2017.9.21-2017.12.20	9533.33	0.3%	28.60
金额合计：￥28.60			金额合计大写：贰拾捌元陆角整		
摘要：利息					

打印时间：2017.12.21

47-1

转账付讫		报 销 单			
		填报日期： 2017 年 12 月 22 日			
姓名 方玉霞	所属部门 行政部		报销形式 现金支票		
			支票号码 30109822		
报 销 项 目		金 额	报 销 项 目		金 额
员工餐费		42240.00			
			以上单据共 1 张 金额小计		￥42240.00
总金额（大写） 零 拾肆 万贰 仟贰 佰肆 拾零 元零 角零 分			预支备用金额	应缴备用金额	
总经理：高涛 财务经理：钱静 部门经理：陈玲 会计：龚金艳 出纳：方玉霞 报销人：张静					

47-2

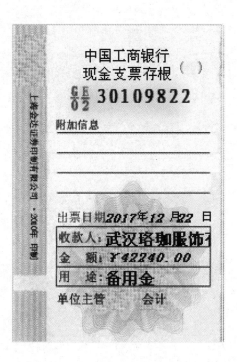

48-1

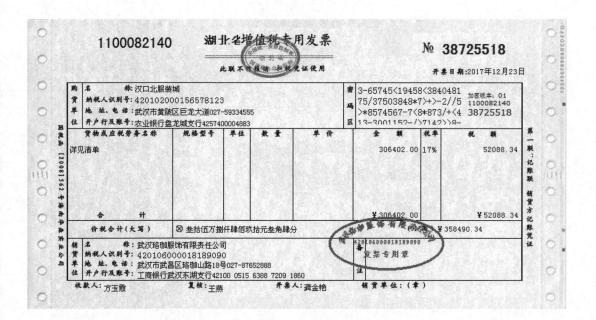

48-2

增值税应税货物或劳务销货清单

购买方名称：汉口北服装城

销售方名称：武汉珞珈服饰有限责任公司

所属增值税专用发票代码：1100082140　　　　号码：38725518　　　　　　　共 1 页　第 1 页

序号	货物（劳务）名称	规格型号	单位	数量	单价	金额	税率	税额
01	羽绒服	17-Y01	件	100	588.00	58800.00	17%	9996.00
02	羽绒服	17-Y02	件	99	398.00	39402.00	17%	6698.34
03	棉衣	17-M01	件	100	218.00	21800.00	17%	3706.00
04	棉衣	17-M02	件	100	378.00	37800.00	17%	6426.00
05	羊绒衫	17-R01	件	100	698.00	69800.00	17%	11866.00
06	羊绒衫	17-R02	件	100	788.00	78800.00	17%	13396.00
小 计 总 计						￥306402.00		￥52088.34

第一联：销售方留存

销售单位（章）　　　　　　开票日期　2017年 12月 23日　　　　国家税务总局印制

48-3

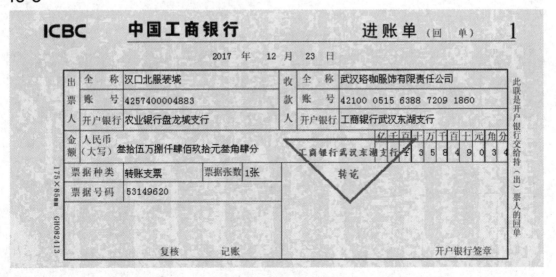

ICBC 中国工商银行			进账单（回 单）					1									
2017 年 12 月 23 日																	
出票人	全 称	汉口北服装城	收款人	全 称	武汉珞珈服饰有限责任公司												此联是开户银行交给持（出）票人的回单
	账 号	4257400004883		账 号	42100 0515 6388 7209 1860												
	开户银行	农业银行盘龙城支行		开户银行	工商银行武汉东湖支行												
金额	人民币（大写）	叁拾伍万捌仟肆佰玖拾元叁角肆分				亿	千	百	十	万	千	百	十	元	角	分	
							￥	3	5	8	4	9	0	3	4		
票据种类	转账支票		票据张数	1张	转讫												
票据号码	53149620																
复核		记账				开户银行签章											

49-1

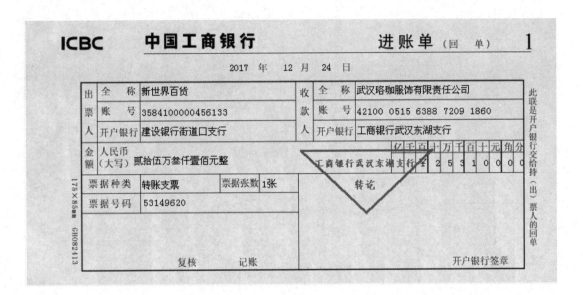

49-2

50

报 销 单

填报日期：　　　年　　月　　日

姓名		所属部门		报销形式			
				支票号码			
报 销 项 目		金 额		报 销 项 目			金 额
				以上单据共　　张 金额小计			
总金额（大写）	拾　万　仟　佰　拾　元　角　分			预支备用金额		应缴备用金额	

总经理：　　　　财务经理：　　　　部门经理：　　　　会计：　　　　出纳：　　　　报销人：

报销单52.doc

51-1

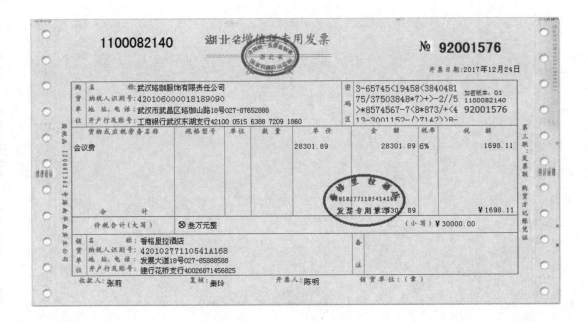

51-2

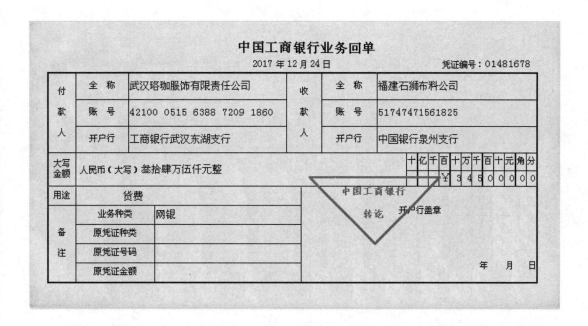

中国工商银行业务回单

2017 年 12 月 20 日　　　　　　　　凭证编号：22148164

付款人	全　称	武汉珞珈服饰有限责任公司	收款人	全　称	香格里拉酒店
	账　号	42100 0515 6388 7209 1860		账　号	40026871456825
	开户行	工商银行武汉东湖支行		开户行	建行花桥支行

大写金额	人民币（大写）叁万元整	十亿	千	百	十万	千	百	十元	角	分
					¥3	0	0	0	0	0

用途	会议费

备注	业务种类	网银
	原凭证种类	
	原凭证号码	
	原凭证金额	

中国工商银行
转讫　开户行盖章

年　月　日

52

中国工商银行业务回单

2017 年 12 月 24 日　　　　　　　　凭证编号：01481678

付款人	全　称	武汉珞珈服饰有限责任公司	收款人	全　称	福建石狮布料公司
	账　号	42100 0515 6388 7209 1860		账　号	51747471561825
	开户行	工商银行武汉东湖支行		开户行	中国银行泉州支行

大写金额	人民币（大写）叁拾肆万伍仟元整	十亿	千	百	十万	千	百	十元	角	分
				¥3	4	5	0	0	0	0

用途	货费

备注	业务种类	网银
	原凭证种类	
	原凭证号码	
	原凭证金额	

中国工商银行
转讫　开户行盖章

年　月　日

53-1

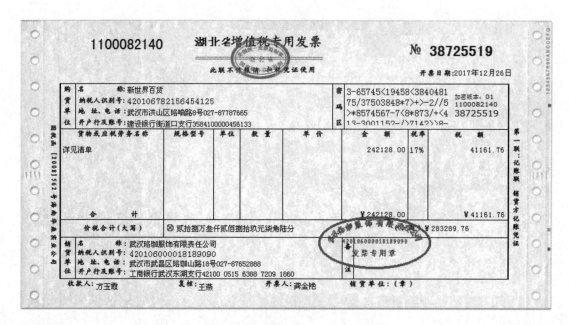

托收凭证（汇款依据或收帐通知） 4

委托日期 2017 年 12 月 25 日

付款期限 年 月 日

业务类型	委托收款（□邮划、☑电划） 托收承付（□邮划、□电划）						
付款人	全称	长沙服联		收款人	全称	武汉珞珈服饰有限责任公司	
	账号	1564133200004732			账号	421000515638872091860	
	地址	湖南省长沙市县	开户行：建设银行长沙分行		地址	湖北省武汉市县	开户行：工商银行武汉东湖支行
金额	人民币（大写）	壹拾万元整			亿千百十万千百十元角分	￥10000000	
款项内容	货款	托收凭据名称		附寄单证张数			
商品发运情况		合同名称号码	2166106				

备注：

复核 记帐

上列款项已划回收入你方帐户

工商银行武汉东湖支行 转讫

收款人开户银行签章

2017 年 12 月 25 日

此联付款人开户银行凭以汇款或收款人开户银行作收账通知

54-1

1100082140 **湖北省增值税专用发票** № 38725519

此联不作报销、扣税凭证使用

开票日期:2017年12月26日

购货单位	名称：新世界百货 纳税人识别号：420106782156454125 地址、电话：武汉市洪山区珞喻路8号027-87787665 开户行及账号：建设银行街道口支行3584100000456133				密码区	3-65745<19458<3840481 75/37503848*7>+>-2//5 >*8574567-7<8*873/+<4 13-3001152-/>7142>>8-	加密版本：01 1100082140 38725519
货物或应税劳务名称	规格型号	单位	数量	单价	金额	税率	税额
详见清单					242128.00	17%	41161.76
合计					￥242128.00		￥41161.76
价税合计（大写）	⊗贰拾捌万叁仟贰佰捌拾玖元柒角陆分				（小写）￥283289.76		
销货单位	名称：武汉珞珈服饰有限责任公司 纳税人识别号：420106000018189090 地址、电话：武汉市武昌区珞珈山路18号027-87652888 开户行及账号：工商银行武汉东湖支行42100 0515 6388 7209 1860				备注	武汉珞珈服饰有限责任公司 420106000018189090 发票专用章	

收款人：方玉霞 复核：王燕 开票人：龚金艳 销货单位：（章）

第一联：记账联 销货方记账凭证

国税函［2008］562号海南华森实业公司

54-2

增值税应税货物或劳务销货清单

购买方名称：新世界百货

销售方名称：武汉珞珈服饰有限责任公司

所属增值税专用发票代码：1100082140　　　　号码：38725519　　　　共 1 页　第 1 页

序 号	货物（劳务）名称	规格型号	单 位	数 量	单 价	金 额	税 率	税 额
01	羽绒服	17-Y01	件	116	588.00	68208.00	17%	11595.36
02	羽绒服	17-Y02	件	98	398.00	39004.00	17%	6630.68
03	棉衣	17-M01	件	150	218.00	32700.00	17%	5559.00
04	棉衣	17-M02	件	48	378.00	18144.00	17%	3084.48
05	羊绒衫	17-R01	件	64	698.00	44672.00	17%	7594.24
06	羊绒衫	17-R02	件	50	788.00	39400.00	17%	6698.00
小 计 总 计						￥242128.00		￥41161.76

第一联：销售方留存

420106000018189090
发票专用章

销售单位（章）：　　　　　开票日期　2017年 12月 26日　　　　国家税务总局印制

55-1

报　销　单

填报日期： 2017 年 12 月 27 日

姓名	郑飞	所属部门	销售部		报销形式	现金	
					支票号码		
报 销 项 目		金 额		报 销 项 目		金 额	
车辆汽油费		1150.00		现金付讫			
				以上单据共 4 张 金额小计		￥1150.00	
总金额（大写）	零 拾零 万壹 仟壹 佰伍 拾零 元零 角零 分			预支备用金额		应缴备用金额	
总经理： 高涛　　财务经理： 胡凤霞　　部门经理： 金明　　会计： 龚金艳　　出纳： 方玉霞　　报销人： 郑飞							

55-2

成品油销售普通发票

发票联

发票代码:	135040820147
油销(1)字	发票号码: 00050616

发票号码:	00050616
开票日期:	2017年12月20日
收款机号:	1246
客户名称:	武汉珞珈服饰有限责任公司

品名	单价	数量	金额
92#汽油	6.35	31.5	200.00

金额合计		200.00
人民币大写	贰佰元整	
收款单位:	中国石油洪山加油站	
防伪码:	0000034C0000C5111111111111	
电话:	027-782558	收款员：张翠

注：发票金额细万元，除客户名称外手写均无效

56-1

机动车销售统一发票

发票联

开票日期2017年12月28日

发票代码 000054321231
发票号码 45432123

机打代码	000054321231	略	
机打号码	45432123	税控码	
机器编号	5390014568		
购货单位(人)	武汉珞珈服饰有限责任公司	身份证号码/组织机构代码	420106000018189090
车辆类型	哈佛H6	厂牌型号 长城2017全新	产 地 中国
合格证号	YH17XJKJ12021	进口证明书号	商检单号
发动机号码	124645864	车辆识别代号/车架号码	LA15515400486
价税合计	❸壹拾伍万捌仟元整		小写
销货单位名称	湖北骏马长城	电话	4009314230
纳税人识别号	420104004456102223	帐 号	
地 址	武昌区雄楚大街井岗村特1号	开户银行 华厦银行雄楚支行	
增值税税率或征收率	17%	增值税额 22957.26	主管税务机关及代码 45010462806575
不含税价 小写 135042.74		吨位	限乘人数

销售单发票专用章

开票人蒋秀丽

备注：一车一票

第一联 发票联（购货单位付款凭证）（手开无效）

56-2

57-1

57-2

57-3

收 款 收 据　　NO.00490021
2017年12月28日

今　收　到当代集团

交　来：工程质量保证金（账扣工程款）

金额（大写）　　贰拾　　陆万　　零仟　　零佰　　零拾　　零元　　零角　　零分

¥ 260000.00　　☐ 现金　　☐ 支票　　☐ 信用卡　　☑ 其他　　收款单位（盖章）

第三联交财务

核准高涛　　会计王艳　　记帐龚金艳　　出纳方玉霞　　经手人方玉霞

58-1

武汉珞珈服饰有限责任公司

固定资产移交生产验收单

保管使用部门　　　　　　　　2017 年 12 月 28 日

固定资产编号	固定资产名称	规格型号	计量单位	数量	原值	预计使用年限	建造商
20171228001	厂房		栋	1	2 536 576.58	20 年	当代集团
固定资产管理部门意见			财务部门验收意见			使用部门验收签章	

固定资产管理部门负责人：　　　　　项目负责人：　　　　　制单：

59-1

中国工商银行
转账支票存根

30109823

00023328

附加信息

出票日期2017年12月28日

收款人：龙泉公司

金　额：¥1000000.00

用　途：投资款

单位主管　　会计

59-2

股东会决议

本公司于 2017年12月28日在 武汉珞珈服饰有限责任公司会议室召开股东会，会议应到股东 2 人，实到 2 人，参加会议的

股东在人数和资格等方面符合《公司法》和《公司章程》的有关规定，会议审议并一致通过如下决议：

公司在 中华科技园投资全资子公司 　　　　　申请办理 龙泉有限责任公司 业务，具体 投资 金额和笔数以公司提供的银承票票

面金额和张数为准，授权 胡凤霞 有权代表公司与 各相关方 　　　　　　　　　签署 投资 合同及其项下单笔借款协议和其

他相关的法律文件，授权终止期限至交行收到本公司的书面通知为止。

　　我公司保证对于所贷款项按时还本付息。

股东签章：

武汉珞珈服饰有限责任公司　　　（公司公章）

2017年 12月 28日

59-3

收 款 收 据　　　NO.00490021

2017年12月28日

今 收 到	武汉珞珈服饰有限责任公司
交 来：	投资款

金额（大写）　壹佰　零拾　零万　零仟　零佰　零拾　零元　零角　零分

￥ 1000000.00　□现金　☑支票　□信用卡　□其他　　　单位（盖章）

财务专用章

核准 汪洋　　会计 邓兰　　记帐 杨红　　出纳 朱琳　　经手人 朱琳

第二联交对方

企业创设.mp4

60-1

武汉珞珈服饰有限责任公司
无形资产摊销表
2017 年 12 月 31 日

无形资产原值	摊销时间	累计已摊销额	月摊销额	净值
1 000 000.00	10 年	84 000.00	8333.00	907 667.00

61-1

政府非税收入缴款书 №.

注册号码　　　　　票字第　号

填制日期：2017.12.31　　　　　　缴款通知书号码：15516605

缴款人	全 称	武汉珞珈服饰有限责任公司	收款单位	财政机关	武汉市城市管理局
	账 号	42100 0515 6388 7209 1860		账 号	2516
	开户银行	工商银行武汉东湖支行		开户银行	国库市直中心支库

收费（处罚）单位编码	收费（罚款）项目编码	收 费（罚 款）项 目 名 称	金 额
0401	罚款	门前三包	200.00
		小　　　　　　计	￥200.00
滞 纳 金	逾期　天，每天按应缴金额加收　%		
金额合计（大写）	贰佰元整		

缴款人（签章）	七列款项已由工商银行武汉东湖支行记款单位账户。 银行盖章 转讫	
	复核员　　记账员　　出纳员	年 月 日

非税收入管理中心监制

第五联：收款银行盖章后退缴款人（缴款人联）

62-1

编号	类别及名称	计量单位	单价	实存		账存		对比结果				备注
				数量	金额	数量	金额	盘盈		盘亏		
								数量	金额	数量	金额	
1	棉衣17-M01	件	120	339		340				1	120	

盘点报告表

单位名称：武汉珞珈服饰有限责任公司　　2017年12月31日　　金额单位：元

监盘人：王艳　　　盘点人：余晓兰　　（第　1　页共　1　页）

第一联 财务联

实物资产核算.mp4

63-1

武汉珞珈服饰有限责任公司领料单

2017 年 12 月 31 日
产品：羽绒服　　17-Y01　　　　　仓库：主材库　　　　　　NO：201712001
期初结存：200 件　　　　　　本期投产：800 件　　　　　单位：元

材料名称	材料编号	单位	请领数量	实发数量	单价	金额	备注
TC 面料	Z-17-01	米	1200	1200			
羽绒	Z-17-05	克	1600	1600			
合计							

主管：闵家辉　　　会计：王燕　　　仓库：王晓兰　　　领料：马军

63-2

武汉珞珈服饰有限责任公司领料单

2017 年 12 月 31 日

产品：羽绒服　17-Y02　　仓库：主材库　　　　　　　　　　　　　　NO：201712002

期初结存：　　　　　　　　本期投产：1000 件　　　　　　　　　　　单位：元

材料名称	材料编号	单位	请领数量	实发数量	单价	金额	备注
水洗布	Z-17-03	米	1300	1300			
羽绒	Z-17-05	克	1800	1800			
合计							

主管：闵家辉　　　会计：王燕　　　仓库：王晓兰　　　领料：马军

领料单63.doc

63-3

武汉珞珈服饰有限责任公司领料单

2017 年 12 月 31 日

产品：棉衣　17-M01　　仓库：主材库　　　　　　　　　　　　　　NO：201712003

期初结存：200 件　　　　　　本期投产：1200 件　　　　　　　　　　单位：元

材料名称	材料编号	单位	请领数量	实发数量	单价	金额	备注
TC 面料	Z-17-01	米	1560	1560			
里料	Z-17-02	米	1320	1320			
合计							

主管：闵家辉　　　会计：王燕　　　仓库：王晓兰　　　领料：马军

63-4

武汉珞珈服饰有限责任公司领料单

2017 年 12 月 31 日

产品：棉衣　　17-M02　　仓库：主材库　　　　　　　　　　　NO：201712004

期初结存：　　　　　　本期投产：1600 件　　　　　　　　　　单位：元

材料名称	材料编号	单位	请领数量	实发数量	单价	金额	备注
水洗布	Z-17-03	米	2400	2400			
里料	Z-17-02	米	2080	2080			
合计							

主管：闵家辉　　　会计：王燕　　　仓库：王晓兰　　　领料：马军

63-5

武汉珞珈服饰有限责任公司领料单

2017 年 12 月 31 日

产品：羊绒衫　17-R01　　仓库：主材库　　　　　　　　　　　NO：201712005

期初结存：100 件　　　　本期投产：500 件　　　　　　　　　　单位：元

材料名称	材料编号	单位	请领数量	实发数量	单价	金额	备注
羊绒	Z-17-04	米	700	700			
合计							

主管：闵家辉　　　会计：王燕　　　仓库：王晓兰　　　领料：马军

63-6

武汉珞珈服饰有限责任公司领料单

2017 年 12 月 31 日

产品：羊绒衫　17-R02　　仓库：主材库　　　　　　　　　　　NO：201712006

期初结存：　　　　　　本期投产：800 件　　　　　　　　　　单位：元

材料名称	材料编号	单位	请领数量	实发数量	单价	金额	备注
羊绒	Z-17-04	米	1200	1200			
合计							

主管：闵家辉　　　会计：王燕　　　仓库：王晓兰　　　领料：马军

64-1

武汉珞珈服饰有限责任公司领料单

2017 年 12 月 31 日

产品：羽绒服 17-Y01　　　　　仓库：辅材库　　　　　　　　　　　NO：201712007

期初结存：200 件　　　　　本期投产：800 件　　　　　　　　　　　单位：元

材料名称	材料编号	单位	请领数量	实发数量	单价	金额	备注
拉链	F-17-01	条	800	800			
洗水唛	F-17-03	个	800	800			
商标	F-17-04	个	800	800			
衣架	F-17-05	个	800	800			
合计							

主管：　　　　　会计：　　　　　　　　仓库：　　　　　　　领料：

领料单64.doc

64-2

武汉珞珈服饰有限责任公司领料单

2017 年 12 月 31 日

产品：羽绒服　17-Y02　　　　仓库：主材库　　　　　　　　　　　NO：201712008

期初结存：　　　　　本期投产：1000 件　　　　　　　　　　　单位：元

材料名称	材料编号	单位	请领数量	实发数量	单价	金额	备注
拉链	F-17-01	条	1000	1000			
纽扣	F-17-02	粒	2000	2000			
洗水唛	F-17-03	个	1000	1000			
商标	F-17-04	个	1000	1000			
衣架	F-17-05	个	1000	1000			
合计							

主管：　　　　　会计：　　　　　　　　仓库：　　　　　　　领料：

64-3

武汉珞珈服饰有限责任公司领料单

2017 年 12 月 31 日

产品：棉衣　　17-M01　　　　仓库：辅材　　　　　　　　　　NO：201712009
期初结存：200　　　　　　本期投产：1200 件　　　　　　　　单位：元

材料名称	材料编号	单位	请领数量	实发数量	单价	金额	备注
纽扣	F-17-02	粒	7200	7200			
洗水唛	F-17-03	个	1200	1200			
商标	F-17-04	个	1200	1200			
衣架	F-17-05	个	1200	1200			
合计							

主管：　　　　　　　会计：　　　　　　　仓库：　　　　　　　领料：

64-4

武汉珞珈服饰有限责任公司领料单

2017 年 12 月 31 日

产品：棉衣　　17-M02　　　　仓库：辅材　　　　　　　　　　NO：201712010
期初结存：　　　　　　　　本期投产：1600 件　　　　　　　　单位：元

材料名称	材料编号	单位	请领数量	实发数量	单价	金额	备注
拉链	F-17-01	条	1600	1600			
洗水唛	F-17-03	个	1600	1600			
商标	F-17-04	个	1600	1600			
衣架	F-17-05	个	1600	1600			
合计							

主管：　　　　　　　会计：　　　　　　　仓库：　　　　　　　领料：

64-5

武汉珞珈服饰有限责任公司领料单

2017 年 12 月 31 日

产品：羊绒衫　　17-R01　　　　仓库：辅材库　　　　　　　　NO：201712011
期初结存：100 件　　　　　　本期投产：500 件　　　　　　　单位：元

材料名称	材料编号	单位	请领数量	实发数量	单价	金额	备注
纽扣	F-17-02	粒	3000	3000			
洗水唛	F-17-03	个	500	500			
商标	F-17-04	个	500	500			
衣架	F-17-05	个	500	500			
合计							

主管：　　　　　　　会计：　　　　　　　仓库：　　　　　　　领料：

64-6

武汉珞珈服饰有限责任公司领料单

2017 年 12 月 31 日

产品：羊绒衫　17-R02　　　仓库：辅材库　　　　　　　　　　　　　NO：201712012

期初结存：　　　　　　本期投产：800 件　　　　　　　　　　　　　单位：元

材料名称	材料编号	单位	请领数量	实发数量	单价	金额	备注
拉链	F-17-01	条	800	800			
洗水唛	F-17-03	个	800	800			
商标	F-17-04	个	800	800			
衣架	F-17-05	个	800	800			
合计							

主管：　　　　　　　会计：　　　　　　　仓库：　　　　　　　领料：

65-1

周转材料期初库存明细表

名称	编号	单位	供应商	本期领用		
				数量	单价	金额
包装袋	B-17-01	个	汉阳包装	1200		
纸箱	B-17-02	个	汉阳包装	150		
封口胶	B-17-03	卷	汉阳包装	30		
合计						

领料单65.doc

66-1

66-2

报 销 单

填报日期： *2017* 年 *12* 月 *27* 日

姓名	赵作义	所属部门	采购部		报销形式	现金	
					支票号码		
报 销 项 目		金 额		报 销 项 目		金 额	
机油费		580.00	现金付讫				
				以上单据共 *1* 张 金额小计		¥580.00	
总金额（大写）	零 拾零 万零 仟值 佰捌 拾零 元零 角零 分			预支备用金额		应缴备用金额	
总经理：高涛 财务经理：胡凤霞 部门经理：闵家辉 会计：龚金艳 出纳：方玉霞 报销人：赵作义							

67

武汉珞珈服饰有限责任公司

2017 年 12 月工资汇总表

部门	人数	明细	工资
一车间	12	17-Y01	
	13	17-Y02	
二车间	17	17-M01	
	20	17-M02	
三车间	8	17-R01	
	10	17-R02	
车间管理	10		
管理部门	23		
销售部门	15		
合 计			

工资分配67.doc

68

武汉珞珈服饰有限责任公司

2017 年年终奖分配表

标准：总经理 5000.00 元，销售总监、各部门经理、车间总管 3000.00 元，销售经理 2500.00 元，车间主任 2000.00 元；车间管理人员、行政人员、销售助理 1800.00 元；生产工人 1500.00 元，根据全年生产情况，按全年平均人数计算年终奖，人数见分配表。

部门	人数	产品	奖金
一车间	12	17-Y01	
	13	17-Y02	
二车间	17	17-M01	
	20	17-M02	
三车间	8	17-R01	
	10	17-R02	
车间管理	10		
管理部门	23		
销售部门	15		
合计	128		

年终奖分配68.doc

69-1

武汉珞珈服饰有限责任公司
2017 年年终奖汇总表

标准：总经理 5000.00 元，销售总监、各部门经理、车间总管 3000.00 元，销售经理 2500.00 元，车间主任 2000.00 元；车间管理人员、行政人员、销售助理 1800.00 元；生产工人 1500.00 元。

部门	人数	奖金	个税
一车间	生产工人 25 人	37 500.00	0
二车间	生产工人 37 人	55 500.00	0
三车间	生产工人 18 人	27 000.00	0
车间管理	车间总管 1 人，车间主任 3 人，车间管理人员 6 人	19 800.00	
管理部门	总经理 1 人，部门经理 3 人，行政人员 19 人	48 200.00	
销售部门	销售总监 1 人，销售经理 10 人，销售人员 4 人	35 200.00	
小计	128 人	223 200.00	

武汉珞珈服饰有限责任公司年终奖个税计算表

部门经理	工资	奖金	社保	公积金	个税	人数	合计个税
生产工人							
车间总管							
车间主任							
车间管理							
总经理							
部门经理							
行政人员							
销售总监							
销售经理							
销售助理							
合计							

69-2

中国工商银行
转账支票存根
30109851

00023328

附加信息

出票日期 2017 年 12 月 31 日

收款人：代发工资户

金　额：￥221639.46

用　途：年终奖

单位主管　　　会计

年终奖分配69.doc

70

武汉珞珈服饰有限责任公司

2017 年 12 月工会经费、职教费

部门	人数	明细	工资	工会经费/2%	职教费/2.5%	合计
一车间	10	17-Y01				
	10	17-Y02				
二车间	20	17-M01				
	20	17-M02				
三车间	10	17-R01				
	10	17-R02				
车间管理	10					
管理部门	23					
销售部门	15					
合计						

计提工会职教费70.doc

71

武汉珞珈服饰有限责任公司

分配 2017 年 12 月五险一金及员工餐补

部门	人数	明细	工资	社保	住房公积金	员工餐补	合计
一车间	10	17-Y01					
	10	17-Y02					
二车间	20	17-M01					
	20	17-M02					
三车间	10	17-R01					
	10	17-R02					
车间管理	10						
管理部门	23						
销售部门	15						
合计							

分配五险一金71.doc

72

武汉珞珈服饰有限责任公司

财产清查结果处理

2017 年 12 月 31 日

项目	棉衣 17-M01
盘点结果	盘亏 1 件
原因	管理不善
处理意见	审批意见
建议由责任人赔偿	由责任人王晓兰赔偿
签字：闵家辉	签字：高涛

73

武汉珞珈服饰有限责任公司
固定资产折旧表
2017.12.31

序号	类别	原值	预计残值率	预计使用月数	折旧方法	月折旧额	已计提月数	已提折旧	使用部门
1	房屋	2 800 000.00	4%	360	平均年限法	7 466.00	15	111 990.00	行政30%，生产70%
2	生产设备	186 000.00	4%	96		1 860.00	20	37 200.00	生产车间
3	办公设备	58 500.00	4%	60		936.00	20	18 720.00	行政部
4	交通工具	85 500.00	4%	60		1 368.00	12	16 416.00	销售部
	合计	3 130 000.00				11 630.00		184 326.00	

74

武汉珞珈服饰有限责任公司
租金摊销表(光谷广场专卖店)
2017 年 12 月 31 日

项目	部门	待摊费用		摊销期	本月摊销
		发生时间	金额		
租金	销售部	2017.9	17 400.00	3 个月	

摊销租金74.doc

75

武汉珞珈服饰有限责任公司

租金摊销表(晴川物业仓库)

2017 年 12 月 31 日

项目	部门	待摊费用		摊销期	本月摊销
		发生时间	金额		
租金	物流采购部	2017.9	6000.00	3 个月	
物业费	物流采购部	2017.9	1500.00	3 个月	
小计			7500.00		

摊销仓库房租75.doc

76

武汉珞珈服饰有限责任公司

专卖店收入汇总表

时间	零售总收入	现金收入	信用卡	支付宝
2017 年 12 月	932 894.82	15 000.00	126 000.00	791 894.82

注：信用卡银行扣除 1‰手续费后收款项已入公司工行账户，支付宝收款已入公司工行账户，回单略。

77

武汉珞珈服饰有限责任公司

公允价值变动计算表

证券名称	账面价值	公允价值	公允价值变动
TCL	105 036.50	115 500.00	10 463.50

78-1

公益性单位接受捐赠统一收据

UNIFIED INVOICE OF DONATION FOR PUBLIC WELFARE ORGANIZATION

2017年　12月　31日　　(04)No
Y　　M　　D

国财

捐赠者 Donor	武汉珞珈服饰有限责任公司
捐赠项目 For Purpose	九寨沟灾区

捐赠金额（实物价值） Total Amount	大写 in Words	零 佰零 拾壹万零 仟零 佰零 拾零元零 角零 分

		佰	拾	万	仟	佰	拾	元	角	分
小写 in Figures	¥		1	0	0	0	0	0	0

货币（实物）种类 Currency (Materrl Objects)	电汇人民币

第二联　捐赠者　Second Donor

财政部监制《2004》10000本 至美公司印制

接收单位（签章） Received' Seal	审核 达康 Verified by	经手人 王玲 Handling Person	支票号 Cheque No

感谢您的慷慨捐赠！　Thank you for your generous donation!

79-1

湖北省增值税专用发票

1100082140　　　　　　　　　　　　　　　　　　　　№ 10201435

开票日期：2017年12月31日

购货单位	名　　称：武汉珞珈服饰有限责任公司 纳税人识别号：420106000018189090 地址、电话：武汉市武昌区珞珈山路18号027-87652888 开户行及账号：工商银行武汉东湖支行42100 0515 6388 7209 1860	密码区	3-65745<19458<3840481 75/37503848*7>+>-2//5 >*8574567-7<8*873/+<4 13-3001152-/>7142>>8-	加密版本: 01 1100082140 10201435

货物或应税劳务名称	规格型号	单位	数量	单价	金额	税率	税额
手续费				10.50	10.50	6%	0.63
合　　计					¥10.50		¥0.63

价税合计（大写）	⊗壹拾壹元壹角叁分	（小写）¥11.13

销货单位	名　　称：工商银行武汉东湖支行 纳税人识别号：365481115654461745 地址、电话：武汉市洪山区珞喻路648号027-82215378 开户行及账号：中国人民银行800048700826

收款人：江小林	复核：陈建	开票人：王靖	销货单位：（章）

第三联：发票联　购货方记账凭证

80

收款收据　　　　NO.00490021

2017 年 12 月 31 日

今 收 到 利民物资回收公司

交 来: 残布料款

金额（大写）	零拾	零万	伍仟	零佰	零拾	零元	零角	零分

¥ 5000.00　　☑ 现金　☐ 支票　☐ 信用卡　☐ 其他

收款单位（盖章）

第三联交财务

核准 高涛　　会计 王艳　　记帐 龚金艳　　出纳 方玉霞　　经手人 王晓兰

81-1

工商银行
现金支票存根
30109811
00023328

附加信息

出票日期 2017 年 12 月 31 日

收款人: 武汉珞珈服饰有限责任公司

金 额: 5000.00

用 途: 备用金

单位主管　　会计

81-2

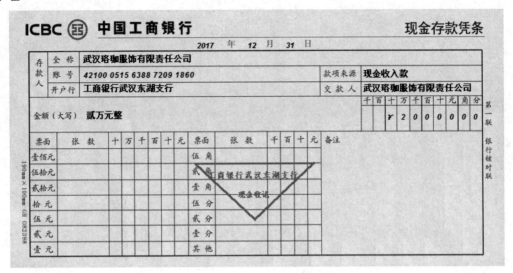

82-1

报 销 单

填报日期：**2017** 年 **12** 月 **22** 日

姓名	张静	所属部门	行政部			报销形式	现金	
						支票号码		
报销项目			金额		报销项目			金额
快递费			318.00					
					以上单据共 1 张 金额小计			￥318.00
总金额（大写）	零 拾零 万零 仟叁 佰壹 拾捌 元零 角零 分			预支备用金额			应缴备用金额	

总经理：**高涛**　　财务经理：**钱静**　　部门经理：**陈玲**　　会计：**龚金艳**　　出纳：**方玉霞**　　报销人：**张静**

82-2

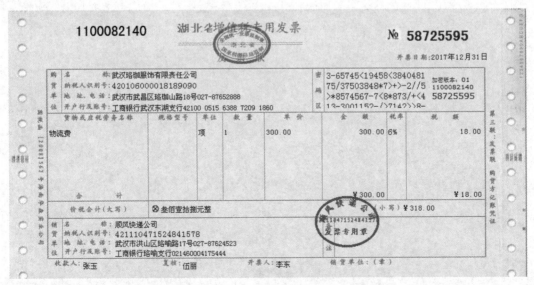

83

中国工商银行
转账支票存根
30109852

00023328

附加信息

出票日期2017 年 12 月 31 日

收款人：飞翔股份

金　额：￥15830.00

用　途：货款

单位主管　　会计

84

中国工商银行
转账支票存根
30109853

00023328

附加信息

出票日期2017 年 12 月 31 日

收款人：东湖羊毛

金　额：￥68015.00

用　途：货款

单位主管　　会计

85

工商银行武汉东湖支行　受理章　　　**工商银行汇票申请书(存根)**　第 01984151 号

申请日期　　2017 年 12 月 31 日

申请人	武汉珞珈服饰有限责任公司	收款人	浙江柯桥布料	
账　号或地址	42100051563887209186	账　号或地址	532912345689157	此联申请人留存
用途	货款	代理付款行	建设银行柯桥支行	
汇款金额	人民币（大写）　　贰拾玖万陆仟叁佰玖拾元整		千百十万千百十元角分　￥2 9 6 3 9 0 0 0	

备注：

86-1

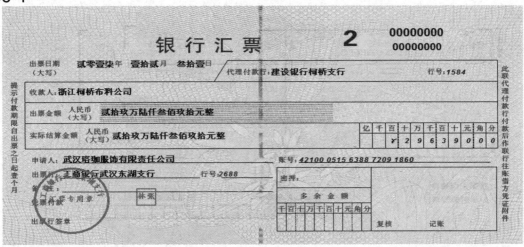

银 行 汇 票　　**2**　　00000000　00000000

出票日期（大写）　贰零壹柒年　壹拾贰月　叁拾壹日　　代理付款行：建设银行柯桥支行　　行号：1584

收款人：浙江柯桥布料公司

出票金额　人民币（大写）　贰拾玖万陆仟叁佰玖拾元整

实际结算金额　人民币（大写）　贰拾玖万陆仟叁佰玖拾元整　　亿千百十万千百十元角分　￥2 9 6 3 9 0 0 0

申请人：武汉珞珈服饰有限责任公司　　账号：42100 0515 6388 7209 1860

出票行：工商银行武汉东湖支行　　行号：2688

密押：

多余金额　千百十万千百十元角分

复核　　记账

出票行签章

提示付款期限自出票之日起壹个月

此联代理付款行付款后作联行往账借方凭证附件

86-2

银 行 汇 票（解讫通知） 3 00000000 00000000

此联代理付款行兑付后随报单寄出票行 由出票行作多余款项为凭证

| 出票日期（大写） | 贰零壹染年 壹拾贰月 叁拾壹日 | 代理付款行：建设银行柯桥支行 | | | | | | | 行号：1584 | | | | | |

提示付款期限自出票之日起壹个月

收款人：	浙江柯桥布料公司										

	人民币（大写）						亿	千	百	十	万	千	百	十	元	角	分
出票金额	贰拾玖万陆仟叁佰玖拾元整																
实际结算金额	人民币（大写）贰拾玖万陆仟叁佰玖拾元整								￥	2	9	6	3	9	0	0	0

申请人：	武汉珞珈服饰有限责任公司	账号：42100 0515 6388 7209 1860
出票行：	工商银行武汉东湖支行 行号：2688	密押：
备 注：		多 余 金 额

千	百	十	万	千	百	十	元	角	分

代理付款行签章

复核 经办 复核 记账

87

中国工商银行
转账支票存根
30109855
00023328
附加信息

上海公达印务有限公司 · 2011年印制

出票日期2017年12月31日
收款人：汉口毛纺

金 额：￥120753.00
用 途：货款

单位主管 会计

88

武汉珞珈服饰有限责任公司

制造费用分配表

品名	货号	分配标准	分配率	分配金额
羽绒服	17-Y01			
	17-Y02			
棉衣	17-M01			
	17-M02			
羊绒衫	17-R01			
	17-R02			
合计				

分配制造费用88.doc

89-1

17-Y01产品成本计算单

期初：200件　　本月投产：800件　　完工：800件　　在产品：200件

成本项目		直接材料	直接人工	制造费用	合计
月初在产品成本					
本月生产费用					
生产费用合计					
完工半成品	总成本				
	单位成本				
月末在产品成本					

89-2

17-Y02 产品成本计算单

期初：　　本月投产：1000 件　　完工：800 件　　在产品：200 件

成本项目		直接材料	直接人工	制造费用	合计
月初在产品成本					
本月生产费用					
生产费用合计					
完工半成品	总成本				
	单位成本				
月末在产品成本					

89-3

17-M01 产品成本计算单

期初：200　　本月投产：1200 件　　完工：1200 件　　在产品：200 件

成本项目		直接材料	直接人工	制造费用	合计
月初在产品成本					
本月生产费用					
生产费用合计					
完工半成品	总成本				
	单位成本				
月末在产品成本					

89-4

17-M02 产品成本计算单

期初：　　本月投产：1600 件　　完工：1500 件　　在产品：100 件

成本项目		直接材料	直接人工	制造费用	合计
月初在产品成本					
本月生产费用					
生产费用合计					
完工半成品	总成本				
	单位成本				
月末在产品成本					

89-5

17-R01 产品成本计算单

期初：100 件　　　本月投产：500 件　　　完工：600 件　　　在产品：

成本项目		直接材料	直接人工	制造费用	合计
月初在产品成本					
本月生产费用					
生产费用合计					
完工半成品	总成本				
	单位成本				
月末在产品成本					

89-6

17-R02 产品成本计算单

期初：　　　本月投产：800 件　　　完工：700 件　　　在产品：100 件

成本项目		直接材料	直接人工	制造费用	合计
月初在产品成本					
本月生产费用					
生产费用合计					
完工半成品	总成本				
	单位成本				
月末在产品成本					

90

武汉珞珈服饰有限责任公司
坏账准备计提表

应收账款期末余额	计提比率	坏账准备期末应有余额	坏账准备期初余额	坏账准备本期增加	坏账准备本期减少	坏账准备本期应计提金额
1	2	3=1*2	4	5	6	7=3-4-5+6

计提坏账90.doc

91

武汉珞珈服饰有限责任公司

2017 年 12 月商品销售明细表

仓库	品名	货号	期初数量	单位成本	期初金额	完工入库	入库金额	本期调入	本期调出	本期销售	加权单价	销售成本
			期初结存			本期发生						
公司仓库	羽绒服	17-Y01	260	328.00	85 280.00							
		17-Y02	249	200.00	49 800.00							
	棉衣	17-M01	680	120.00	81 600.00							
		17-M02	1080	180.00	194 400.00							
	羊绒衫	17-R01	260	300.00	78 000.00							
		17-R02	276	350.00	96 600.00							
	校服	17-X01										
小计					585 680.00							
专卖店	羽绒服	17-Y01	380	328.00	124 640.00							
		17-Y02	338	200.00	67 600.00							
	棉衣	17-M01	520	120.00	62 400.00							
		17-M02	301	180.00	54 180.00							
	羊绒衫	17-R01	181	300.00	54 300.00							
		17-R02	120	350.00	42 000.00							
小计					405 120.00							
群光广场	羽绒服	17-Y01	93	328.00	30 504.00							
		17-Y02	104	200.00	20 800.00							
	棉衣	17-M01	113	120.00	13 560.00							
		17-M02	99	180.00	17 820.00							
	羊绒衫	17-R01	45	300.00	13 500.00							
		17-R02	35	350.00	12 250.00							
小计					108 434.00							
新世界	羽绒服	17-Y01	100	328.00	32 800.00							
		17-Y02	108	200.00	21 600.00							
	棉衣	17-M01	106	120.00	12 720.00							
		17-M02	78	180.00	14 040.00							
	羊绒衫	17-R01	56	300.00	16 800.00							
		17-R02	58	350.00	20 300.00							
小计					118 260.00							
总计					1 217 494.00							

销售成本91.doc

92

武汉珞珈服饰有限责任公司

本月应交增值税计算表

2017-12-31　　　　　　　　　　　　　　　　　单位：元

本月销项税额	本月进项税额	本月进项税额转出	转出未交增值税

会计主管：　　　　　　　　　　　　　　　　　制单：

增值税92.doc

93

武汉珞珈服饰有限责任公司

本月附加税费计算表

2017-12-31　　　　　　　　　　　　　　　　　单位：元

项目	计税依据(增值税)	税(费)率	应纳税额
城市建设维护税			
教育费附加			
地方教育附加			
堤防维护费			
合计			

会计主管：　　　　　　　　　　　　　　　　　制单：

附加税93.doc

94

武汉珞珈服饰有限责任公司

2017 年 12 月收入科目汇总表

序号	收入类	金额
1	主营业务收入	
2	其他业务收入	
3	投资收益	
4	公允价值变动损益	
5	营业外收入	
合计		

会计主管：　　　　　　　　　　　　　　　　　　　　　　　　制单：

结转收益94.doc

95

武汉珞珈服饰有限责任公司

2017 年 12 月支出科目汇总表

序号	支出类	金额
1	主营业务成本	
2	其他业务成本	
3	营业税金及附加	
4	资产减值损失	
5	销售费用	
6	管理费用	
7	财务费用	
8	营业外支出	
9	公允价值变动损益	
10	投资收益	
合计		

会计主管：　　　　　　　　　　　　　　　　　　　　　　　　制单：

结转支出95.doc

96

武汉珞珈服饰有限责任公司

2017 年 12 月应交所得税计算表

企业报表利润总额	调增应纳税所得额	调减应纳税所得额	应纳税所得额	适用税率	全年应纳所得税额	以前期间已纳所得税额	本期应纳所得税额
				25%			

会计主管： 制单：

确认所得税96.doc

98

武汉珞珈服饰有限责任公司

2017 年全年实现利润

序号	项目	金额
1	1～11 月份利润	
2	12 月利润	
3	全年累计利润	

会计主管： 制单：

99

武汉珞珈服饰有限责任公司

2017 年盈余公积计算表

序号	计提基数	金额
1	全年累计净利润	
2	计提比例	
3	计提金额	
会计主管：		制单：

结转本年利润98.doc

提取法定盈余公积99.doc